KB270940

초판 1 쇄 발행　　2006년 9월 25일
초판 3 쇄 인쇄　　2010년 3월 20일

저　　자　　권용호 · 허웨이
발 행 인　　윤우상
디 자 인　　Design Didot 디자인 디도
펴 낸 곳　　송산출판사
주　　소　　서울특별시 서대문구 홍제 4동 104-6
전　　화　　(02) 735-6189
팩　　스　　(02) 737-2260
홈페이지　　http://www.songsanpub.co.kr
등록일자　　1976. 2. 2. 제 9-40호

ISBN　　　89-7780-100-1　13720

*잘못된 책은 바꾸어 드립니다.

기초 HSK 고르고 고른 어법

권용호 · 허웨이 지음

송산출판사

근래 중국과의 인적 물적 교류가 나날이 빈번해지면서 중국어를 배우는 사람들이 크게 늘고 있다. 중국어를 어느 정도 공부한 사람들은 한번쯤은 HSK라는 중국어 능력 시험에 관심을 가져봤거나 준비한 경험이 있을 것이다. HSK시험은 현재 국내 대학과 회사에서 개인의 중국어 실력을 가늠하는 가장 공신력 있는 시험으로 인정 받고 있다. HSK시험에서 고득점을 취득하는 것은 바로 자신의 중국어 능력을 인정 받고 더 나은 기회를 얻을 수 있는 길이라 하겠다.

HSK시험에서 어떻게 하면 좋은 성적을 받을 수 있을까? 교재를 택해 공부한다든지, 학원을 다닌다든지 하는 등등 여러 방법이 있을 것이다. 그렇지만 무엇보다 HSK시험에서 좋은 성적을 얻기 위해서는 꾸준히 많이 듣고 많이 읽고 동시에 배운 내용에 대해 체계적으로 정리하는 것도 좋은 방법이 될 것이다. 필자는 학교와 학원에서 다년간 중국어 회화와 HSK를 가르치면서 이를 토대로 많은 어법 자료들을 체계적이고 알기 쉽게 정리하여 본서에 담았다. 본서는 아래와 같은 특징을 갖고 있다.

- 어렵고 불필요한 어법 내용은 배제하고 출제 빈도가 높은 어법 내용을 위주로 수록하여 단기간에 HSK를 준비하도록 했다.
- 어법 시험에서 자주 나오는 다의어와 혼동하기 쉬운 단어들의 용법을 명쾌하게 정리하여 확실하게 이해할 수 있도록 하였다.

- 문장을 보다보면 놓치기 쉽고 정리하기 힘들었던 여러 가지 형태의 고정형식을 일목요연하게 정리하였다.

- 쉬운 예문을 사용하여 독자들이 어법 내용을 보다 쉽고 분명하게 이해하도록 했다.

- 어법 내용마다 예제를 두어 바로 이해할 수 있도록 하고 각 장마다 실전문제를 두어 실전 응용력을 높이도록 했다.

이들 내용을 편집하면서도 필자의 머리 속에는 항상 "무슨 말인지 이해가 될까?"·"정말 일목요연하게 정리 되었나?"·"설명은 알기 쉽게 되었나?"·"이 부분은 정말 필요한가?"라는 문제들이 맴돌았다. 그래서 본서를 수업 시간에 사용해 검증해 보기도 하고 중국인 선생님과 몇 번의 예문과 단어에 대한 수정 작업을 진행하기도 하였다. 이를 통해 HSK 어법에 관한 한 학생들이 정말 알아두어야 하고 정리해 두어야 할 사항들을 수록하려고 노력하였다.

지금 돌이켜보면 이런 노력들이 얼마나 성과를 거두었는지는 의문스럽지만 어쨌든 수험생 여러분들에게 조금이나마 도움이 되었으면 하는 마음이 간절하다. 마지막으로 이 보잘것 없는 원고에 흔쾌히 출판에 응해 주신 송산출판사 담당자님들에게도 감사의 말을 전한다.

목차

기초 HSK 시험 소개 ● ● ●

1. HSK 개요

(1) HSK란?

1) 한어수평고시(약칭 HSK)는 제1언어가 중국어가 아닌 사람의 중국어능력을 평가하기 위해 만들어진 국가급 표준화 시험으로, 현재 세계 27개 국가, 100여 곳에서 시행되고 있다.

2) HSK기초(1-3급), HSK초중등(3-8급), HSK고등(9-11급) 3종류로 구분하여, 각각 실시 된다.

3) HSK는 중국국가한어수평고시위원회가 출제 · 채점 및 증서발급을 책임지며, 시험 합격자에게는 성적표와 해당 한어수평증서를 발급한다.

2. 기초HSK

(1) 시험대상

기초 HSK시험은 중국어를 공부하는 초학자를 위해 만들어진 국가공인 능력시험으로 모국어가 중국어가 아닌 사람으로 100-800시간 현대 중국어 정규교육을 받은 사람들을 대상으로 한다. 400-3,000개 정도의 중국어 상용어휘(갑, 을급 상용어휘)와 그에 상응하는 어법항목(갑, 을급 어법항목)을 이수한 중국어 학습자라면 기초 HSK 시험에 응시할 수 있다.

(2) 기초《한어수평증서》의 효력

- 중국대학(이공계열의 학부) 입학에 요구되는 중국어 수준의 증명서(A급)가 된다.
- 3급 수준에 상응하는 동급의 중국어 수업 과정을 면제 받을 수 있는 증명서가 된다.
- 기초 중국어 실력만으로 일할 수 있는 기업이나 기관에 구직할 때 중국어 실력의 증명서가 된다.

(3) 시험 내용과 시간

시험시간은 135분이며, 총 140문제로 세 부분으로 나누어져 있다.
- 듣기이해 : 50문제, 약 35분
- 문법구조 : 40문제, 40분
- 독해이해 : 50문제, 60분

(4) 점수체계

증서등급		점수등급	총점
등급	급별		
	C	1급	100 - 154점
기초증서	B	2급	155 - 209점
	A	3급	210 - 300점

(5) 점수등급

1급 : 기초(초급) 중국어 수준으로 간단한 어구의 이해와 간단한 의사표시를 할 수 있고, 일상대화나 학습방면에 초보적인 대화가 가능하다. 600단어 정도의 중국어 상용어휘와 그에 상응하는 문법사항을 습득한 중국어 학습자가 이 등급에 해당하며, 기초 C급 한어수평고시를 획득한다.

2급 : 기초(중급) 중국어 수준으로 기본적인 일상대화나 일정범위내의 의사전달이 가능한 경우에 해당하며 기초 B급 한어수평고시를 획득한다.

3급 : 기초(고급) 중국어 수준으로 중국대학의 이공계열의 본과에 다닐 수 있는 최저 중국어 능력기준이 된다. 기초 A급 한어수평고시를 획득한다. 이는 HSK 초등의 C급 수준에 해당한다.

(6) 시험문의

HSK한국사무국
전화: 02-3452-4788
팩스: 02-3452-4787
홈페이지: WWW.hsk.or.kr

3. 기초 HSK 어법문제 유형

(1) 제1부분

> **예** 51. A. 电话修好了已经   B. 已经电话修好了
>   C. 电话已经修好了   D. 修好了电话已经

제1부분은 51번~70번까지이며, 어순이 바르게 되어 있는 문장을 고르는 문제이다. 문제유형은 부사와 전치사의 위치, 이합동사와 능원동사의 위치, (결과·방향·가능·정도·수량)보어의 위치, 조사, 把자문, 피동문, 연동문, 겸어문, 몇몇 고정격식 등을 묻는 문제들이 골고루 출제되며 근래에는 특히 단순한 문법사항에 대한 어순을 묻는 것이 아닌 여러 가지 문법사항이 동시에 들어간 문장의 어순을 묻는 문제들이 많이 출제되고 있다.

대비사항 ▶▶ 각 품사의 문장에서의 위치를 확실하게 파악한다. 특히 전치사·부사·**把**자문·피동문의 어순과 위치를 잘 기억해둔다.
각 품사에 해당 핵심단어들을 분명하게 정리해둔다.
고정격식 형태로 된 단어들을 잘 정리해둔다. 이들은 문법보다 우선이다.

(2) 제2부분

> **예** 71. 我______喜欢吃中国菜饺。
>   A. 都   B. 很   C. 又   D. 再

제2부분은 71번 ~ 90번까지이며, 괄호를 비워놓고 알맞은 단어를 찾는 문제이다. 문제유형은 방위사·대명사·능원동사·부사·전치사·접속사·조사·보어·양사 등에서 많이 출제되고 있다.

대비사항 ▶▶ 각 품사별 혼동되는 단어들을 정리해둔다. 특히 전치사와 부사 쪽에 속하는 단어들을 잘 정리해둔다.
각종 접속사들의 용법을 잘 정리해둔다. 어법뿐만 아니라 독해에서도 많이 보인다.
평상시 꾸준히 단어를 많이 습득한다.

① 품사

명사 · 대명사 · 동사 · 능원동사 · 형용사 · 수사 · 양사 · 부사 · 전치사 · 접속사 · 조사

명사	:	사람이나 사물의 명칭을 나타내거나 시간이나 장소를 나타내는 낱말을 말한다. 예 电视, 北京
대명사	:	지시작용을 하거나 명사 · 동사 · 형용사 등을 대신하는 역할을 한다. 예 他们都是韩国人吗?
동사	:	사람이나 사물의 움직임을 나타낸다. 예 我去学校。
능원동사	:	동사 앞에서 능력 · 희망 · 허가를 나타낸다. 예 我会说汉语。
형용사	:	사람이나 사물의 모양 · 성질 · 생김새 등의 상태를 나타낸다. 예 他是我的好朋友。
수사	:	수를 나타낸다. 예 一, 二, 三……
양사	:	명사의 개수나 동작의 횟수를 나타낸다. 예 我喝了两瓶啤酒。
부사	:	동사나 술어가 되는 형용사를 수식하며, 정도 · 범위 · 빈도 등을 나타낸다. 예 她很聪明。
전치사	:	명사나 대명사와 함께 쓰이며 전치사구를 이룬다. 이를 통해 동작의 시간 · 장소 · 방향 · 대상 등의 뜻을 나타낸다. 예 我在图书馆学习。 "전치사구"란 "전치사+명사"로 이루어진 구를 말한다. 예 我跟她一起去吃饭。
접속사	:	낱말이나 구 혹은 문장을 연결하여 병렬 · 인과 · 가정 등의 관계를 나타낸다. 예 因为身体不好, 所以我们不去商店了。
조사	:	낱말이나 구 혹은 문장 뒤에 문장성분이 무엇인지를 밝혀주거나 동작이 어떤 상태인가를 알려 주거나 문장 끝에 쓰여 어기를 나타낸다. 예 这是谁的书? / 门开着。

② 문장성분

주어(主语) · 부사어(状况语) · 술어(谓语) · 보어(补语) · 관형어(限定语) · 목적어(宾语)

주어	:	동작이나 행위의 주체가 되는 사람이나 사물. 예 我吃饭。
부사어	:	형용사나 동사 등 술어가 되는 부분을 꾸며주는 성분. 예 我们下午去看电影。
술어	:	주어가 행하는 동작을 나타내주는 성분. 예 她很漂亮。
보어	:	동사 뒤에서 술어를 보충설명해주는 성분. 예 我看完了这本小说。
관형어	:	주어나 목적어인 명사성 성분을 수식하고 제한해주는 성분. 예 这是他的英语词典。
목적어	:	술어 뒤에서 동작의 대상이나 목적이 되는 성분. 예 我学习汉语。

③ 상용문장

비교문 · 이중목적어문(双宾语句) · 연동문(连动句) · 겸어문(兼语句) · 把자문(把字句) · 피동문(被动句)

비교문	:	두 가지 대상의 성질 · 상태 혹은 정도 등을 비교하는 문장. 예 他比我大。
이중목적어문	:	하나의 동사가 두 개의 목적어를 취하는 문장. 예 她给我一件礼物。
연동문	:	하나의 주어에 두 개의 동사가 이어 나오는 문장. 예 他去书店买书。
겸어문	:	첫 번째 동사의 목적어가 두 번째 동사의 주어가 되는 문장. 예 我请他吃饭。
把자문	:	목적어를 앞으로 도치시켜 강조하는 문장. 예 我喝了那杯咖啡。→我把那杯咖啡喝了。
피동문	:	피동을 나타내는 문장. 예 我的词典叫小王借去了。

명사

사람이나 사물의 명칭을 나타내거나 시간이나 장소를 나타내는 낱말을 말한다.

1 │ 시간명사(시간을 나타내는 명사)

1 종류

今天오늘、去年작년、下午오후、星期六토요일……

▶ **주의** 시간명사가 여러 개 출현할 경우 큰 시간부터 앞에 나열한다.

昨天下午 어제 오후 / 去年三月 작년 3월 / 晚上七点 저녁 7시 등

예제 : A. 你回国了今年暑假吗　　　B. 你暑假今年回国了吗
　　　 C. 今年暑假你国回了吗　　　D. 今年暑假你回国了吗

해설 | 시간명사는 위치상 주어 앞 혹은 뒤로 모두 올 수 있다. 하지만 여러 개의 시간명사가 동시에 출현할 경우에는 큰 시간부터 나열한다. 따라서 이 문장에서는 "今年"이 먼저 나오고 그 다음 "暑假"가 나와야 한다.

단어 | 暑假(shǔjià) 여름방학

해석 | 올해 여름방학에 당신은 귀국했었습니까?

정답 | D

2 시간명사가 부사어가 되었을 때의 위치

(1) 시간명사＋주어＋술어 (＋목적어) ＝ 주어＋시간명사＋술어 (＋목적어)

下个月小金要去中国出差。(=小金下个月要去中国出差。)
다음달 샤오진은 중국에 출장 간다.

每天晚上我学习汉语。(=我每天晚上学习汉语。)
나는 매일 저녁에 중국어를 공부한다.

예제1 : A. 我收到一封信星期一下午　　B. 我收到一封信下午星期一
　　　　 C. 我星期一下午一封信收到　　D. 我星期一下午收到一封信

해설 ┃ 시간을 나타내는 명사는 주어와 술어 사이에 위치한다. 문장에서 我가 주어이고, 星期一
下午가 시간을 나타내는 명사이기 때문에 어순은 "我星期一下午"가 된다. 그 뒤에는 술
어인 收到가 온다.
단어 ┃ 收到(shōudào) 받다   封(fēng) 통(편지를 세는 양사)
해석 ┃ 나는 월요일 오후에 편지 한 통을 받았다.
정답 ┃ D

예제2 ┃ A. 他打算今年八月进修一年韩语到韩国
B. 他打算到韩国今年八月进修一年韩语
C. 他打算今年八月到韩国进修一年韩语
D. 他打算到韩国进修一年韩语今年八月

해설 ┃ 시간명사 今年八月 다음에는 "술어+목적어" 형태가 온다. 이 문장에서 "술어+목적어"
형태는 "到韩国"와 "进修一年韩语"이다.
단어 ┃ 进修(jìnxiū) 연수하다
해석 ┃ 그는 올해 8월에 1년간 한국으로 한국어 어학 연수를 갈 계획이다.
정답 ┃ C

2 │ 처소명사(장소와 지명을 나타내는 명사)

1 종류

学校학교、火车站기차역、韩国한국、北京베이징……

2 처소명사가 부사어가 되었을 때의 위치

(1) 주어＋처소명사＋술어(＋목적어)

他在图书馆学习。 그는 도서관에서 공부한다.
妈妈在厨房里做饭。 엄마는 주방에서 밥을 하신다.

예제 ┃ A. 他在北京大学三年了学习   B. 他在北京大学学习了三年
C. 他在北京大学三年学习了   D. 他三年学习了在北京大学

해설 ┃ 처소명사 다음에는 보통 술어가 온다. 이 문장에서 처소명사는 北京大学이므로 뒤에는 동
사 学习가 와야 한다.
해석 ┃ 그는 베이징 대학에서 3년간 공부했다.
정답 ┃ B

(2) 주어＋시간명사＋처소명사＋술어＋기타성분
(＝시간명사＋주어＋처소명사＋술어＋기타성분)

妈妈今天上午在商店买了一件衣服。
(＝今天上午妈妈在商店买了一件衣服。)

오늘 오전에 엄마는 상점에서 옷 한 벌을 샀다.

我的朋友去年在中国学习了一年汉语。
(＝去年我的朋友在中国学习了一年汉语。)

작년에 내 친구는 중국에서 중국어를 일 년간 공부했다.

> 예제 | A. 请你六点在公园入口处等我　B. 请你六点等我在公园入口处
> 　　　C. 请你等我六点在公园入口处　D. 请你在公园入口处六点等我
>
> 해설 | 시간명사와 처소명사가 함께 나올 경우 어순은 "시간명사+처소명사+술어" 형태가 된다. 이 문장에서 시간명사는 六点이고, 처소명사는 公园入口处이며, 술어는 等이다.
> 해석 | 당신 6시에 공원 입구에서 저를 기다리세요.
> 정답 | A

(3) 처소명사＋술어(＋목적어)

屋子里很干净。방안은 아주 깨끗하다.
桌子上有一本书。테이블 위에는 책 한 권이 있다.

> 예제 | A. 前边一位警察走来了　　　B. 前边走来了一位警察
> 　　　C. 一位警察前边走来了　　　D. 一位警察走来了前边
>
> 해설 | 이 문장에서 前边은 처소명사이기 때문에 뒤에 바로 "술어+목적어" 형태를 취한다.
> 단어 | 警察(jǐngchá) 경찰
> 해석 | 앞에서 경찰 한 명이 걸어왔다.
> 정답 | B

3 ｜ 방위명사(방위나 위치를 나타내는 명사)

1 단순방위명사

(1) 종류

上위、下아래、前앞、后뒤、左왼、右우、里속、外밖、中가운데、内안、东동、南남、
西서、北북、旁옆

(2) **위치**

01 명사＋단순방위명사

桌子<u>上</u> 탁자 위 / 房间<u>里</u> 방 안 / 门<u>外</u> 문밖

예제

他看了看挂在墙 ＿＿＿ 的表, 刚五点钟。

A. 中　　　B. 里　　　C. 前　　　D. 上

해설 | 문장의 의미상 "벽 위"라는 의미이므로 上의 개념이 들어가야 한다.
단어 | 表(biǎo) 시계
해석 | 그가 벽 위에 걸려있는 시계를 한번 보니, 막 5시가 되었다.
정답 | D

02 전치사(向 / 朝 / 往)＋단순방위명사

向<u>左</u>拐 왼쪽으로 돌다 / 朝<u>前</u>走 앞으로 가다 / 往<u>上</u>看 위로 보세요.

예제

到前面十字路口 ＿＿＿ 东拐。

A. 去　　　B. 给　　　C. 在　　　D. 往

해설 | 문장의 의미상 방향을 나타내는 전치사가 와야 한다. 보기 중에 방향을 나타내는 전치사는 往이다. 去는 동사이며, 给는 전치사로 "~에게"라는 의미로 대상을 나디내며, 在는 "~에서"라는 의미로 장소를 나타낸다.
해석 | 앞쪽 사거리에서 동쪽으로 도세요.
정답 | D

2 **복합방위명사**

(1) **단순방위명사＋边 / 面 / 头**

上边 위쪽、左面 왼쪽、北面 북쪽、旁边 옆쪽……

예제 : 我把这些小狗放到它们妈妈的 ＿＿＿。

A. 上边　　　B. 下边　　　C. 中间　　　D. 旁边

해설 | 문장의 의미상 "곁"·"옆쪽"이라는 말이 들어가야 한다. 上边은 위쪽, 下边은 아래쪽, 中间은 중간, 旁边은 옆쪽이라는 의미이다.
단어 | 小狗(xiǎogǒu) 강아지
해석 | 나는 이 강아지들을 그들의 어미 곁에 두었다.
정답 | D

(2) 以 / 之 + 단순방위명사

以上 이상、以下 이하、之前 ~전、之后 ~후……

(3) 左右 / 前后 / 上下

01 시점/일정시간/나이/무게/높이/길이/금액＋左右

十点左右 10시 정도 / 一百米左右 100m 정도

02 시점/때(명사)＋前后

十点前后 10시 전후 / 中秋节前后 추석 전후

03 많은 나이/무게/높이＋上下

六十岁上下 (○) 60세 정도 / 六岁上下 (×) / 百米上下 (○) 100m정도

예제

1_ 他们打算在国庆节 ＿＿＿ 结婚。

　　　A. 上下　　　B. 左右　　　C. 内外　　　D. 前后

해설 | 国庆节(국경절)은 중국의 어떤 특정한 시기이므로, 前后를 사용한다.
단어 | 国庆节(guóqìngjié) 국경절(건국기념일), 매년 10월 1일이다.
해석 | 그는 국경절 전후로 결혼할 계획이다.
정답 | D

2_ A. 这台机器左右有两千五百公斤　　B. 这台机器有两千五百公斤左右

　　　C. 这台机器有两千左右五百公斤　　D. 这台机器有两千五百左右公斤

해설 | 어림수를 나타내는 左右는 각종 단위의 뒤에 위치하여 약간 넘거나 조금 모자람을 나타낸다. 이때 有의 의미는 "있다"라는 뜻이 아니라 대략적인 짐작내지 추측을 나타낸다.

(4) 고정격식

01 (在)……上　……하는 방면에 (방면)

在生活上，父亲的要求从来不高。
생활에 있어서 아버지의 요구는 줄곧 높지 않으시다.
这个问题上，我不同意你的意见。
이 문제에서는 나는 너의 의견에 동의하지 않는다.

02 (在)……中　……하는 중에 (과정)

在一年的留学中，我游览了很多中国的名胜古迹。
일 년간의 유학 중에 나는 중국의 많은 명승고적을 여행했다.
假期中，我学习了两个月的汉语。
방학 동안 나는 두 달 동안 중국어를 공부했다.

03 (在)……下　……하는 하에 (조건)

在奶奶的照顾下，我的病很快好了。
할머니의 보살핌으로 나의 병은 아주 빨리 좋아졌다.
在朋友的帮助下，问题终于解决了。
친구의 도움으로 문제가 마침내 해결됐다.

예제

1_ 在这种情况 ＿＿＿＿，我只能采取这个办法。

A. 下　　B. 中　　C. 上　　D. 后

해설 | 이 문장은 의미상 조건을 나타낸다. 조건을 나타낼 경우에는 "在……下" 형태가 온다.
단어 | 情况(qíngkuàng) 상황, 정황　只能(zhǐnéng) ～할 수 있을 뿐이다
　　　采取(cǎiqǔ) (방침·수단·태도 등을) 채용하다, 채택하다
해석 | 이런 상황 하에서 나는 이런 방법 밖에 취할 수 없다.
정답 | A

2_ 你在发音 ＿＿＿＿ 还要下点儿工夫。

A. 下　　B. 外　　C. 上　　D. 中

해설 | 문장의 의미상 "발음"쪽에 더 노력해야 한다는 것은 "어떤 방면"을 의미하는 것이므로 "在
　　　……上" 형태가 와야 한다.
단어 | 发音(fāyīn) 발음　下工夫(xiàgōngfu) 노력을 기울이다, 시간을 쏟다
해석 | 너는 발음에 노력을 더 기울여야 한다.
정답 | C

1   A. 晚上六点打针就来不及了   B. 晚上就六点打针来不及了
      C. 晚上六点就打针来不及了   D. 就晚上六点打针来不及了

2   A. 我们慢慢地走着在大路上   B. 我们走着慢慢地在大路上
      C. 我们在大路上慢慢地走着   D. 我们在大路上走着慢慢地

3   A. 一位小姑娘那边跑过来   B. 一位小姑娘跑过那边来
      C. 那边跑过来一位小姑娘   D. 那边小姑娘跑过来一位

4   A. 他每天九点才起床   B. 他每天才九点起床
      C. 才每天九点他起床   D. 他才起床每天九点

5   我看《中国青年报》_______有一张照片很像你。
      A. 前   B. 内   C. 上   D. 下

6   我们打算圣诞节_______去欧洲度蜜月。
      A. 上下   B. 左右   C. 前后   D. 内外

7   玛丽逛商店去了，大概晚上9点_______回来。
      A. 之内   B. 左右   C. 前后   D. 之外

8   这篇论文是在杨教授的指导_______完成的。
      A. 中   B. 下   C. 上   D. 内

9   他结婚时我去过，_______就一直没见面。
      A. 后边   B. 然后   C. 后来   D. 最后

10   操场和教学楼_______是新盖的图书馆。
      A. 中间   B. 之中   C. 其中   D. 中心

11 买一本汉语词典得35块钱______。

    A. 前后   B. 上下   C. 大小   D. 左右

12 到北京______，我们渐渐熟悉了这里的生活。

    A. 以前   B. 后来   C. 然后   D. 以后

정답과 해설

1 A	2 C	3 C	4 A	5 C	6 C
7 B	8 B	9 C	10 A	11 D	12 D

1
해석 | 저녁 6시에 주사 맞으면 늦어.
단어 | 打针(dǎzhēn) : 주사를 놓다
来不及(láibují) : 미치지 못하다, 손쓸 틈이 없다
해설 | 시간명사는 문장에서 "주어+시간명사+술어" 형태를 취한다. 따라서 이 문장에서 시간명사인 晚上六点 뒤에는 술어동사인 打针이 와야 한다.

2
해석 | 우리는 대로상을 천천히 걷고 있었다.
단어 | 大路(dàlù) : 대로, 큰 길
해설 | 처소명사는 문장에서 "주어+처소명사+술어" 형태를 취한다. 따라서 이 문장에서 처소명사인 在马路上은 주어 我们 뒤에 위치해야 한다. 慢慢地는 부사어로 동사 走를 수식해주고 있다.

3
해석 | 저쪽에서 한 어린 아가씨가 달려왔다.
단어 | 姑娘(gūniang) : 아가씨
해설 | 처소명사가 앞에 나올 경우 "처소명사+술어+목적어" 형태를 취한다. 따라서 이 문장에서 처소명사 那边이 먼저 오고, 그 뒤에는 동사 跑过来가, 그 다음 목적어 一位小姑娘이 와야 한다.

4
해석 | 그는 매일 9시가 되어서야 일어난다.
해설 | 주어는 他이므로 시간명사와 부사는 주어 뒤에 위치해야 한다. 이 문장에서 시간명사는 每天九点이고, 부사는 才이다.

5
해석 | 나는 《중국청년보》에서 너랑 닮은 사진

한 장을 봤다.
단어 | 中国青年报(Zhōngguóqīngniánbào) : 중국청년보(신문명)
像(xiàng) : 닮다
해설 | "신문에서 봤다"는 것은 "위쪽"의 개념인 上이 들어가야 한다. 里와 内는 "안"·"속"의 개념이다.

6
해석 | 우리는 크리스마스에 유럽으로 신혼여행을 갈 계획이다.
단어 | 圣诞节(shèngdànjié) : 크리스마스
欧洲(Ōuzhōu) : 유럽
度蜜月(dùmìyuè) : 신혼여행을 보내다
해설 | 구체적 때 혹은 시기일 경우에는 前后를 사용한다. 左右는 대략적인 시점·나이·무게·금액 등에 사용한다.

7
해석 | 메리는 상점을 둘러보러 갔어, 대략 저녁 9시 정도에 돌아올 거야.
해설 | "9시"는 시간 내지 시점을 나타내므로 左右를 사용한다. 前后는 구체적 시점이나 시기에 사용한다.

8
해석 | 이 논문은 양 교수님의 지도로 완성됐다.
단어 | 杨(Yáng) : 양(성씨)
指导(zhǐdǎo) : 지도하다
해설 | 문장의 의미상 조건을 나타낸다. 따라서 "在~下"를 사용한다.

9
해석 | 그가 결혼할 때 가보고, 후로는 줄곧 만나지 못했다.
해설 | 문장의 의미상 "후에"라는 뜻이 들어가야 한다. 后边은 "뒤쪽", 然后는 "~한 연후에", 最后는 "최후에"·"마지막"에 라는 의미로 모두 정답으로는 부적절하다.

10
해석 | 운동장과 강의동 가운데에는 새로 짓는 도서관이 있다.
단어 | 操场(cāochǎng) : 운동장
盖(gài) : 집을 짓다, 덮다, 가리다
해설 | 문장에서 두 건축물(운동장과 강의동)이 나왔기 때문에 "가운데"라는 개념이 들어가야 한다. 之中은 "~의 가운데", 其中은 "그중", 中心은 "중심"·"센터"라는 의미이다.

11
해석 | 중국어사전 한 권을 사는데 35원 정도 있어야 한다.
해설 | 대략적인 금액을 나타낼 경우에는 左右를 사용한다. 上下는 많은 나이·무게 등

의 대략적인 수치를 나타낼 때 사용한다.

12　**해석 |** 베이징에 온 후로 우리들은 점점 이곳의
　　　생활을 잘 알게 되었다.
　단어 | 渐渐(jiànjiàn) : 점점, 점차
　　　熟悉(shúxī) : 숙지하다, 자세히 알다
　해설 | 문장의 의미상 "후에"라는 뜻이 들어가야
　　　한다. 보기 중에 "후에"라는 의미를 가지
　　　고 있는 단어로는 后来와 以后가 있다.
　　　后来는 주로 단독으로 사용된다. 예를 들
　　　어, "3월 이후"라고 한다면 "3月后来"로
　　　사용하지 않고, "3月以后"로 사용한다.
　　　따라서 정답으로 后来가 와야 한다.

02 대명사

1 | 인칭대명사

1 종류

我(我们)	wǒ(wǒmen)	저, 나(우리)
你(你们)	nǐ(nǐmen)	너, 당신(당신들)
他(他们)	tā(tāmen)	그(그들)
她(她们)	tā(tāmen)	그녀(그녀들)
它(它们)	tā(tāmen)	그(그것들)
咱们	zánmen	우리(우리들)
自己	zìjǐ	자신, 자기 자신
大家	dàjiā	사람들, 여러분

예제 : 我们没有让他走, 他______要走的。

A. 别人　　　　B. 大家　　　　C. 自己　　　　D. 咱们

해설 ┃ 문장의 의미상 "혼자"·"스스로"라는 의미가 들어가야 한다.

해석 ┃ 우리들은 그를 가라고 하지 않았다, 그 혼자 가려고 했다.

정답 ┃ C

2 혼동되는 용법

(1) 我们과 咱们의 차이

01 我们　말하는 사람만 가리킬 뿐 듣는 사람은 포함하지 않는다.

A : 昨天你和小明去哪儿了?　어제 너는 샤오밍과 어디 갔었니?

B : 我们去东大门市场了。　우리 동대문시장에 갔어.

23

02 咱们　말하는 사람과 듣는 사람을 모두 포함

A : 今天吃什么？　오늘 뭘 먹지?

B : **咱们**吃炸酱面吧。우리 자장면 먹자.

예제

你们是留学生，______是中国学生，咱们是同学。

　A. 我们　　　B. 大家　　　C. 咱们　　　D. 它们

해설 | 문장에서 "중국학생"이라고 한 것은 전체 모든 학생을 가리키는 것이 아닌 말하는 사람쪽의 학생들만 가리키는 개념이다. 이렇게 말하는 사람만 가리킬 때는 我们을 사용한다.

해석 | 너희들은 유학생이고, 우리는 중국 학생이고, 우리 전체는 학우들이다.

정답 | A

2 ｜ 지시대명사

1 종류

这	zhè	이, 이것
那	nà	저, 저것
这里/这儿	zhèli/zhèr	이곳, 여기
那里/那儿	nàli/nàr	그곳, 저기
这些	zhèxiē	이들, 이것들
那些	nàxiē	저들, 저것들
这么	zhème	이렇게
那么	nàme	저렇게, 그렇게
这样	zhèyàng	이렇게, 이런
那样	nàyàng	저렇게, 저런

예제 : 艾伦看到中国人并不像他小时候想像的______，倒着走路。

　A. 这样　　　B. 那样　　　C. 那些　　　D. 那种

해설 | 문장의 의미상 "그렇게 ~하다"라는 뜻이 들어가야 한다. 这样은 "이렇게", 那些는 "그것들"이라는 의미로 복수에 사용되며, 那种은 "그런 종류"라는 뜻이다.

단어 | 艾伦(Àilún) 애런(인명)　并不(bìngbù) 결코 ~한 것은 아니다　想像(xiǎngxiàng) 상상하다　倒(dào) 거꾸로, 역으로

해석 | 애런은 중국 사람들이 그가 어렸을 때 상상했던 그런 것처럼 결코 거꾸로 길을 걷지 않는다는 것을 보았다.

정답 | B

2 지시대명사의 위치 : 这(那)+(숫자)+양사+명사

<u>这件事好办</u>。 이 일은 처리하기 쉽다.

<u>那三个人</u>都是韩国人。 그 세 사람은 모두 한국인이다.

<u>这台电视机</u>是日本产的。 이 TV는 일본 제품이다.

예제 : A. 请那位两代表到这里来　　　B. 请两位那代表到这里来

　　　 C. 请那两位代表到这里来　　　D. 请代表那两位到这里来

해설 | 지시대명사 뒤에는 보통 "(숫자)+양사+명사" 형태가 온다. 이 문장에서 那는 지시대명사이기
　　　 때문에 뒤의 어순은 숫자 "两", 양사 "位", 명사 "代表" 순으로 와야 한다.

해석 | 그 대표 두 분 이곳으로 오세요.

정답 | C

3 | 의문대명사

1 종류

谁	shuí	누구
什么	shénme	무엇
几	jǐ	몇(10미만의 수를 헤아릴 때)
多少	duōshao	몇(10이상의 수를 헤아릴 때), 얼마
哪	nǎ	어느, 어디 ~하겠는가?(반문형식)
怎么	zěnme	어떻게, 왜/ 어떻게 ~하겠는가?(반문형식)
怎么样	zěnmeyàng	어때?
为什么	wèishénme	왜
哪里/哪儿	nǎli/nǎr	어디(장소), 어디 ~했나(반문형식)
什么时候	shénmeshíhou	언제

예제1 : 我真不知道这个问题______解决才好。

　　　 A. 什么　　　 B. 这么　　　 C. 怎么　　　 D. 为什么

해설 | 문장의 의미상 "어떻게"라는 의미가 들어가야 한다. 这么는 "이렇게"라는 의미이다.

단어 | 解决(jiějué) 해결하다

해석 | 나는 이 문제를 어떻게 해결해야 좋을지 모르겠다.

정답 | C

예제2 : 对于过去所发生的一切，我没______可抱怨的。

A. 多么　　　B. 那么　　　C. 怎么　　　D. 什么

해설 | 문장의 의미상 "어떤"의 의미가 들어가야 한다. 多么는 "얼마나", 那么는 "그러면"·"그렇게"라는 의미이다.

단어 | 过去(guòqù) 과거　所(suǒ) ~한 바, 장소　一切(yíqiè) 일체, 모든 것, 온갖 것　可(kě) ~할만한, ~할 수 있다　抱怨(bàoyuàn) 원망하다, 원망을 품다

해석 | 과거 발생한 모든 것에 대해 나는 어떤 원망할 만한 것이 없다.

정답 | D

2 주요 용법

(1) 의문대명사＋都(也)……

他什么困难都不怕。 그는 어떤 어려움도 두려워하지 않는다.

我怎么解释他都不相信。 내가 어떻게 설명해도 그는 믿지 않는다.

예제1 : A. 他都不知道什么情况　　　B. 他什么情况都不知道

C. 什么他都不知道情况　　　D. 情况他都不知道什么

해설 | "什么~都(也)…"는 "어떤 ~도 …하다"라는 의미이다. 이때 什么 뒤에는 보통 명사가 온다.

해석 | 그는 어떤 상황도 모른다.

정답 | B

예제2 : 我说坐飞机去，他说什么______不同意。

A. 就　　　B. 也　　　C. 还　　　D. 绝

해설 | "什么也~"는 "어떤 것도 ~하다"라는 의미이다.

해석 | 나는 비행기 타고 가자고 했는데, 그는 어떤 것도 동의하지 않는다고 했다.

정답 | B

(2) 주어＋怎么／哪儿／哪里＋동사(반문의 어기)

我哪儿知道! 내가 어디 알겠어!

房间这么暗，你怎么不开灯? 방이 이렇게 어두운데, 너 어떻게 등을 켜지 않니?

哪里是苹果，这明明是梨嘛。 어디가 사과야, 이건 분명히 배야!

예제 : 他是学法语的，______会说英语啊?

A. 什么　　　B. 多么　　　C. 怎么　　　D. 没有

해설 | 이 문장은 반문의 의미를 나타낸다. 보기 중에 반문의 뉘앙스를 나타내는 단어로는 怎么밖에 없다. 多么는 "얼마나"라는 의미로 주로 감탄문에서 사용된다.

해석 | 그는 프랑스어를 배웠는데 어떻게 영어를 할 수 있겠어?

정답 | C

(3) ~의문사(谁/什么/怎么/哪里…)~

就~의문사(谁/什么/怎么/哪里…)~

你想吃**什么**就买**什么**。 네가 먹고 싶은 것 사라.

你想去**哪儿**，咱们就去**哪儿**。 우리는 네가 가고 싶은데 간다.

4 | 기타대명사

1 종류

01 各 gè　　각, 각각, 갖가지
他们三个人**各**有优点。
그들 세 사람은 각기 장점이 있다.

02 每 měi　　매, ~마다
每个班表演一个节目。
반마다 하나의 프로그램을 공연한다.
我**每**说一句话，他都要记下来。
내가 한 마디 할 때마다 그는 적으려고 한다.

03 本 běn　　본, 자기 쪽의
本校定于三月一日开学。
본교는 3월 1일에 개교하기로 정했다.

04 该 gāi   **이, 그**

我们商店没有<u>该</u>公司的产品。

우리 상점에는 <u>이</u> 회사에서 만든 제품이 없다.

05 某 mǒu   **모, 어떤**

他说把东西交给<u>某</u>位同志了。

그는 <u>어떤</u> 사람에게 물건을 전했다고 말했다.

06 所有 suǒyǒu   **모든**

这个意见并不是<u>所有</u>的人都同意。

이 의견에 대해 <u>모든</u> 사람들이 결코 동의하는 것은 아니다.

07 各自 gèzì   **각자**

开完会我们就<u>各自</u>回家了。

회의를 마치고 우리는 <u>각자</u> 집으로 돌아갔다.

08 如何 rúhé   **어떻게, 왜, ~어때**

我真不知道<u>如何</u>解决这个问题。

나는 이 문제를 <u>어떻게</u> 해결해야 할지 정말 모르겠다.

家里的状况<u>如何</u>?

집안 사정 <u>어때</u>?

09 任何 rènhé   **어떠한 ~라도**

他在我心中没有留下<u>任何</u>印象。

그는 내 마음속에 <u>어떤</u> 인상도 남아있지 않다.

예제

1_ 代表团目前正在我国西北______地参观访问。

   A. 本   B. 某   C. 该   D. 此

해설 ┃ 문장의 의미상 "어떤 곳" 내지 "모 지방"이라는 뜻이다. 따라서 某가 와야 한다. 本은 "본", 该와 此는 모두 "이"라는 의미이다.

단어 ┃ 目前(mùqián) 현재, 목전   访问(fǎngwèn) 방문하다

해석 ┃ 대표단은 현재 우리나라 서북의 모 지역을 방문하여 시찰하고 있다.

정답 ┃ B

2_ 他对______事都很认真。

   A. 如何   B. 各自   C. 任何   D. 本

해설 ┃ 문장의 의미상 "어떤"이라는 뜻이 들어가야 한다. 如何는 "어떻게"·"어때"라는 의미이며, 任何는 "어떤"의 의미로 뒤에 都나 也가 호응한다. 各自는 "각자"라는 뜻이다.

해석 ┃ 그는 어떤 일에 대해서도 아주 성실하다.

정답 ┃ C

1 A. 你学什么都一点儿应该　　　　B. 什么你应该都学一点儿
   C. 你应该都学一点儿什么　　　　D. 你应该什么都学一点儿

2 A. 你还有什么别的问题要问　　　B. 你有别的问题什么还要问
   C. 你有什么问题别的还要问　　　D. 别的问题你还有什么要问

3 A. 谁做完了谁先走　　　　　　　B. 谁先走谁做完了
   C. 先谁做完了谁走　　　　　　　D. 谁做完了先谁走

4 A. 我都什么条件答应不就行了　　B. 什么条件都我答应不就行了
   C. 我都答应什么条件不就行了　　D. 什么条件我都答应不就行了

5 A. 有什么什么就吃吧　　　　　　B. 有什么就吃什么吧
   C. 吃什么就有什么吧　　　　　　D. 什么有什么就吃吧

6 A. 怎么这个字读　　　　　　　　B. 读这个字怎么
   C. 这个字怎么读　　　　　　　　D. 这个怎么读字

7 ______说才能不伤她的心呢?
   A. 怎么　　　　　B. 什么　　　　C. 哪种　　　　D. 哪样

8 他把这些钱______换成了美元。
   A. 所有　　　　　B. 全部　　　　C. 一切　　　　D. 全体

9 请问, ______是王老师?
   A. 哪儿　　　　　B. 什么　　　　C. 他　　　　　D. 谁

10 ______学生都参加了这个活动。
   A. 任何　　　　　B. 所有　　　　C. 每　　　　　D. 各

11 昨天的考试，没我想的______难。

    A. 那么   B. 非   C. 多么   D. 什么

12 你______查字典，别老问我，我正忙着呢。

    A. 那么   B. 哪个   C. 自己   D. 任何

정답과 해설

| 1 D | 2 A | 3 A | 4 D | 5 B | 6 C |
| 7 A | 8 B | 9 D | 10 B | 11 A | 12 C |

1 해석 ┃ 너는 무엇이든 좀 배워야 한다.
해설 ┃ "什么+都~"는 "어떤 것도 ~하다"라는 의미이다. 또 都 뒤에는 술어동사가 온다.

2 해석 ┃ 또 다른 질문할 문제가 있습니까?
해설 ┃ 이 문장은 동사 有와 问이 나오는 연동문이다. 연동문에서 먼저 발생하는 일이 먼저 나오게 된다. 따라서 먼저 "有什么别的问题"가 나오고 그 다음 "要问"이 나와야 한다.

3 해석 ┃ 먼저 다 하는 사람이 먼저 간다.
해설 ┃ 이 문장에서 주어는 谁이기 때문에 문장 앞에 오며, 또 "완성해야 먼저 가는 것"이므로 "做完"이 먼저 오고 그 다음 "先走"가 나와야 한다.

4 해석 ┃ 어떤 조건이라도 내가 승낙하면 되지 않겠어?
단어 ┃ 答应(dāying) : 동의하다, 승낙하다
行(xíng) : 좋다, 괜찮다
해설 ┃ "什么+A+B+都+술어"는 "어떤 A라도 B는 모두 ~하다"라는 의미이다. 이때 B는 문장의 주어가 된다.

5 해석 ┃ 있는 것 먹자.
해설 ┃ 이 문장은 "~의문사+就+~의문사" 형태이다.

6 해석 ┃ 이 글자 어떻게 읽습니까?
해설 ┃ 이 문장에서 주어는 这个字이므로 문장 맨 앞에 와야 한다. 또 怎么 뒤에는 동사가 读 때문에 "怎么读" 형태가 되어야 한다.

7 해석 ┃ 어떻게 말해야 그녀의 마음을 다치지 않게 할 수 있을까?
단어 ┃ 伤心(shāngxīn) : 상심하다, 마음 아파하다
해설 ┃ 괄호 뒤의 说는 동사이기 때문에 怎么가 와야 한다. 什么 뒤에는 명사가 오며, 哪种은 "어느 종류~"라는 의미로 역시 뒤에 명사가 오고, 哪样은 "어떤"의 의미로 역시 뒤에 명사가 온다.

8 해석 ┃ 그는 이 돈 전부를 달러로 바꿨다.
해설 ┃ 문장의 의미상 "전부"·"모두"라는 의미의 부사가 들어가야 한다. 따라서 全部가 와야 한다. 所有와 一切는 "모든"·"일체의"라는 의미의 형용사이며, 全体는 "전체"라는 의미의 명사이기 때문에 정답으로 부적절하다.

9 해석 ┃ 실례합니다만, 누가 왕 선생님이십니까?
해설 ┃ 문장의 의미상 사람을 묻는 의문대명사가 들어가야 한다. 따라서 谁가 와야 한다. 哪儿은 장소를, 什么는 물건을 물을 때 사용하는 의문대명사이다.

10 해석 ┃ 모든 학생들이 이 행사에 참가했다.
해설 ┃ 문장의 의미상 "모든"이라는 의미가 들어가야 한다. 따라서 所有가 와야 한다. 任何는 "어떠한"의 의미이고, 每는 "매", 各는 "각"의 의미이다.

11 해석 ┃ 어제 시험은 내가 생각했던 것만큼 그렇게 어렵지 않았다.
해설 ┃ 문장의 의미상 "그렇게"라는 의미가 들어가야 한다. 따라서 那么가 와야 한다. 非常은 부사로써 "매우"라는 의미이다.

12 해석 ┃ 너 스스로 사전 찾아봐, 만날 나한테 묻지 말고, 나 바쁘단 말이야.
해설 ┃ 문장의 의미상 "혼자"·"스스로"라는 의미가 들어가야 한다. 따라서 自己가 와야 한다.

03 동사

1 | 일반동사

(1) 일반동사의 위치

01 주어＋부사＋술어동사(＋목적어)

金大佑正在学习汉语。 김대우는 마침 중국어를 공부하고 있다.

02 주어＋술어동사＋了/着/过(＋목적어)

金大佑学习过汉语。 김대우는 중국어를 공부한 적이 있다.

03 주어＋술어동사＋보어(＋목적어)

金大佑学习过一年汉语。 김대우는 1년 동안 중국어를 공부한 적이 있다.

04 주어＋전치사＋명사＋술어동사(＋목적어)

金大佑在中国学习过一年汉语。 김대우는 중국에서 중국어를 1년간 공부한 적이 있다.

예제

A. 很多朋友我在中国认识了　　B. 很多朋友在中国我认识了
C. 我认识了很多朋友在中国　　D. 我在中国认识了很多朋友

해설 | 이 문장에서 주어는 我이기 때문에 제일 앞에 온다. 또 "在中国"는 전치사구이므로 뒤에는 동사 认识가 나와야 한다.

해석 | 나는 중국에서 많은 중국 친구를 알았다.

정답 | D

2 | 능원동사

(1) 능원동사의 위치

01 주어＋능원동사＋동사(＋기타성분)

我明天能上课。 나는 내일 수업을 할 수 있다.
金小姐想学习汉语。 미스 김은 중국어를 배우고 싶어 한다.

예제： A. 你应该好好地学习　　　　B. 你好好地应该学习
C. 你好好地学习应该　　　　D. 你好好应该地学习

해설 | 능원동사는 보통 동사 앞에 위치한다. 하지만 부사어가 있는 경우에는 부사어 앞에 놓이게 된다. 이 문장에서 "好好地"는 부사어로 동사 学习를 수식해주고 있기 때문에 应该는 "好好地" 앞으로 가야 한다.

해석 | 너는 열심히 공부해야 한다.

정답 | A

02 주어＋능원동사＋전치사구＋동사(＋기타성분)

我能跟你谈谈吗？ 너와 얘기 좀 할 수 있겠니?
我们应该在足球场踢球。 우리들은 축구장에서 축구를 해야 한다.

예제： A. 你把这个问题应该搞清楚　　B. 你应该把这个问题搞清楚
C. 你搞清楚应该把这个问题　　D. 你应该搞清楚把这个问题

해설 | 把는 전치사이기 때문에 능원동사 应该는 把 앞에 와야 한다. 또한 전치사는 뒤에 반드시 "명사＋동사＋기타성분" 형태를 취한다.

단어 | 搞(gǎo) 하다

해석 | 너는 이 문제를 분명하게 처리해야 한다.

정답 | B

03 주어＋부사＋능원동사＋동사(＋기타성분)

小金常常得去中国出差。 샤오진은 자주 중국에 출장 가야 한다.
太晚了，我估计他不会来了。 너무 늦었어, 나는 그가 오지 않을 거라고 생각해.

예제1： A. 他会一定遇到很多问题　　B. 他会遇到问题一定很多
C. 他一定会遇到很多问题　　D. 他一定会遇到问题很多

해설 | 부사와 능원동사가 동시에 나올 경우 어순은 "부사＋능원동사" 순이 된다. 따라서 "一定会~" 형태가 되어야 한다. 또 "많은 문제"는 "很多问题"로 표현한다.

단어 | 一定(yídìng) 반드시　遇到(yùdào) 만나다, 마주치다

해석 | 그는 반드시 많은 문제를 만날 것이다.

정답 | C

04 주어＋능원동사＋동사1＋목적어1＋동사2＋목적어2 (연동문)
주어＋능원동사＋동사1＋겸어＋동사2＋목적어 (겸어문)

我想去电影院看电影。 나는 영화관에 가서 영화를 보려고 한다. (연동문)
我要请他来我这儿吃饭。 나는 그가 이곳에 와서 밥 먹도록 청하려고 한다. (겸어문)

(2) 주요 능원동사

01 会 huì　　　~을 할 수 있다(학습을 통해 익힌 능력), ~일 것이다(추측), ~에 뛰어나다
我会说汉语。 나는 중국어를 할 수 있다.
今天晚上他一定会来的。 오늘 저녁 그는 반드시 올 것이다.
这个孩子很会说话, 见什么人说什么说。
이 아이는 말을 아주 잘해서, 누구에게나 말을 잘한다.

02 能 néng　　　~할 수 있다(능력), ~해도 된다(허가), ~에 능하다(很·最·真…)
金先生能说一口流利的汉语。
김 선생님은 중국어를 유창하게 구사할 수 있다.
这儿能照相吗? 이곳에서 사진을 찍을 수 있습니까?
老师傅可真能睡。 아저씨 정말 잘 주무신다.

03 可以 kěyǐ　　　~을 할 수 있다, ~해도 된다(허가)
这儿可以抽烟吗? 이곳에서 담배를 피울 수 있습니까?
这本书我下个星期可以看完。 나는 이 책을 다음 주까지 다 볼 수 있다.

04 想 xiǎng　　　~하고 싶다, ~할 생각이다
弟弟想去中国留学。 남동생은 중국에 유학 가려고 한다.
我想看一会儿电视。 나는 잠깐 TV를 볼 생각이다.

05 要 yào　　～하려고 한다, ～해야 한다

每天一大早, 爷爷都**要**出去运动运动。
매일 이른 아침 할아버지는 나가 운동을 하려 하신다.
吃饭之前**要**先洗手。　밥 먹기 전에는 먼저 손을 씻어야 한다.

06 愿意 yuànyì　　～하기를 바라다, ～하기를 원하다

我**愿意**跟你们一起吃饭。　나는 너희들과 같이 밥 먹고 싶다.
大家都**愿意**参加明天的晚会。
사람들 모두 내일 저녁 모임에 참가하고 싶어 한다.

07 得 děi　　～해야 한다

快要考试了, 我们**得**复习了。
곧 시험이다, 우리들은 시간을 다잡아 복습해야 한다.
你发烧了, **得**吃点药。　너는 열이 나니까, 약을 좀 먹어야 한다.

08 应该 yīnggāi　　마땅히 ～해야 한다(도리) / 당연히 ～할 것이다(짐작이나 추측)

你们**应该**努力学习。　너희들은 열심히 공부해야 한다.
他是昨天出发的, 今天**应该**到了。
그는 어제 출발했으니, 오늘 당연히 도착했을 것입니다.

▶ **주의**　능원동사는 보통 不로 부정을 하나 能만은 不와 没로 부정을 할 수 있다.

这儿不能游泳。이곳에서는 수영을 할 수 없다.
昨天他病了, 没能来上课。어제 그는 몸이 아파 수업에 올 수 없었다.

예제

1_ 小李, 我＿＿＿＿你的自行车吗?

A. 用　　　B. 要用　　　C. 会用　　　D. 能用

해설｜ 상대방에게 허가나 동의를 구할 때에는 能과 可以를 사용할 수 있다. 要와 会는 가능성과
계획을 나타내므로 답이 될 수 없다.
해석｜ 샤오리, 네 자전거 쓸 수 있니?
정답｜ D

2_ 要想学好外语, 非＿＿＿＿下苦工夫不可。

A. 会　　　B. 得　　　C. 能　　　D. 该

해설｜ 문장의 의미상 "～해야 한다"라는 의미가 와야 한다. 该는 도리상 "마땅히 ～해야 한다."는
의미를 나타낸다.
단어｜ 非~不可(fēi~bùkě) ～하지 않으면 안 된다
해석｜ 외국어를 잘 배우려면 많은 노력을 하지 않으면 안 된다.
정답｜ B

3 | 이합동사(离合动词)

(“이합사(离合词)”란 한 단어로 사용되지만 자체에 “동사+목적어” 형태로 되어 있어 분리할 수 있는 단어를 말한다. 예를 들어, “见面”은 “만나다”라는 단어인데 이 단어를 분석해보면 “见(보다)+面(얼굴)” 형태로 되어 있음을 알 수 있다. 이때 见은 동사가 되고 面은 목적어가 되어 분리할 수 있게 된다. 이런 구조상의 특징 때문에 이합사들은 따로 목적어를 취할 수 없게 된다.)

(1) 상용 이합동사

见面(만나다)、洗澡(목욕하다)、跳舞(춤추다)、唱歌(노래 부르다)、帮忙(돕다)、结婚(결혼하다)、聊天(한담하다)、散步(산보하다)、生气(화내다)、睡觉(잠자다)、谈话(말하다)、游泳(수영하다)

(2) 특징

01 이합동사는 목적어를 수반할 수 없다.

我晚上见面朋友。（×）
我晚上和朋友见面。（○）나는 저녁에 친구와 만난다.
我晚上见朋友的面。（○）나는 저녁에 친구를 만난다.

02 이합동사가 동량사와 결합할 때 표현방법은 A＋동량사＋B 형식을 취한다.

我和他见过一次面。（○）나는 그와 한번 만난 적이 있다.
我和他见面过一次。（×）

03 이합동사가 시량사와 결합할 때 두 가지 표현방법이 있다.

① AB＋시량사(结婚, 毕业, 开学)
他们已经结婚五年了。（○）그들은 결혼한 지 벌써 5년이 되었다.
他们已经结五年婚了。（×）

예제 : A. 他毕业大学已经五年了　　　B. 他已经毕业大学五年了
　　　　C. 他大学毕业已经五年了　　　D. 他已经五年大学毕业了

해설 | 毕业는 이합동사로 목적어를 바로 취할 수 없고, 또 수량사가 올 경우에는 이합동사 뒤에 온다.
해석 | 그가 대학을 졸업한 지 벌써 5년이 되었다.
정답 | C

② A+시량사+B(见面, 洗澡, 帮忙, 聊天, 生气, 游泳, 睡觉, 谈话……)

他只睡了两个小时觉。（○）그는 단지 2시간만 잤다.

他只睡觉了两个小时。（×）

예제 : A. 已经我们谈话了两个小时了　　B. 我们已经谈了两个小时话了
　　　　C. 我们已经两个小时谈了话了　　D. 我们谈话了已经两个小时了

해설 | 谈话는 이합사이기 때문에 목적어를 바로 취하지 못하고, 수량사가 올 경우 谈과 话 사이에 들어간다.

해석 | 우리는 벌써 두 시간째 이야기하고 있다.

정답 | B

4 동사의 중첩(동사가 중첩될 경우 뜻이 완곡해지거나 다소 가벼운 뉘앙스를 준다.)

(1) 동사의 중첩형식

01 단음절 동사

① A→AA / A-A (아직 발생하지 않은 일이나 습관성 동작)

你试试这件衣服。너 이 옷 한번 입어 봐.

你叫小王在外面等一等我。너 샤오왕에게 밖에서 나 좀 기다리라고 해줘.

예제 : 你怎么想的, 给大家＿＿＿＿＿。

A. 说了说　　　B. 说说了　　　C. 说一说　　　D. 说又说

해설 | 이 문제는 동사의 중첩형태를 찾는 문제이다. 본 문장의 동사 说는 단음절어이다. 따라서 중첩형태는 현재형일 경우 AA 혹은 A一A이고, 과거형일 경우 A了A이다. 문장의 시제를 보면 현재형이므로 중첩형태는 说说 혹은 说一说가 된다.

해석 | 너는 어떻게 생각하는지 사람들에게 말 좀 해봐.

정답 | C

② A → A了A (동작이 발생했거나 이미 끝났음을 나타낸다)

我向窗外看了看, 一个人也没有。내가 창밖을 한번 보니, 한 사람도 없었다.

听了我的话, 他点了点头。내 말을 듣고, 그는 고개를 끄덕였다.

예제 : A. 他试试了新买的电冰箱　　　B. 他试新买了的电冰箱
　　　　C. 他试了试新买的电冰箱　　　D. 他试试新买的电冰箱了

해설 | 이 문장은 了가 있어 완료형 문장임을 알 수 있다. 완료형 문장에서 단음절동사의 중첩형식은 "A了A"이다.

단어 | 电冰箱(diànbīngxiāng) 냉장고

해석 | 그는 새로 산 냉장고를 한번 시험해 봤다.

정답 | C

① AB→ABAB (현재형) / AB了AB (완료형)

这件事让我再<u>考虑考虑</u>。 이 일에 대해 내가 좀 생각하게 해 줘.

李亮把房间<u>收拾了收拾</u>就出去了。 리이앙은 방을 정리한 뒤 나갔다.

예제 : 我今天把过去的信件又 ______。

A. 整理整理　　B. 整整理理　　C. 整理一整理　　D. 整理了整理

해설 | 이 문제는 동사의 중첩형태를 찾는 문제이다. 본 문장의 동사 "整理"는 쌍음절어이다.
따라서 중첩형태는 현재형일 경우는 ABAB, 완료형일 경우는 AB了AB가 된다. 문장을
보면 又 가 있어 완료형 문장임을 알 수 있다. 따라서 중첩형태는 AB了AB형태가 되어
야 한다.

단어 | 信件(xìnjiàn) 우편물

해석 | 나는 오늘 예전의 편지들을 또 정리 좀 했다.

정답 | D

② 이합동사의 중첩형식 : AB→AAB

见面→见见面 / 散步→散散步 / 帮忙→帮帮忙 / 聊天→聊聊天
洗澡→洗洗澡……

예제 : A. 我和你想聊聊天　　　　　　B. 我想和你聊聊天
　　　 C. 我想和你聊天聊　　　　　　D. 我想和聊你聊天

해설 | 우선 想은 능원동사이기 때문에 전치사 和 앞에 와야 한다. 또 聊天은 이합사이기 때
문에 그 중첩형식은 AAB 혹은 A一AB 형태가 되어야 한다.

해석 | 나는 너와 이야기를 하고 싶다.

정답 | B

1
A. 我想还再去一次上海
B. 我还想再去一次上海
C. 我还想去再一次上海
D. 我想还再去上海一次

2
A. 谢谢你帮忙了我很多
B. 谢谢你帮忙我了很多
C. 谢谢你很多帮忙我了
D. 谢谢你帮了我很多忙

3
A. 按时学生应该完成作业
B. 学生按时应该完成作业
C. 学生应该按时完成作业
D. 学生应该完成作业按时

4
A. 感谢你帮了我的大忙
B. 感谢你了帮我的大忙
C. 感谢我的大忙你帮了
D. 感谢你大帮了我的忙

5
A. 我晚上常常不好睡觉
B. 我晚上常常睡觉不好
C. 我晚上不常常睡好觉
D. 我晚上常常睡不好觉

6 从北京到上海至少＿＿＿＿＿坐十四个小时的火车。
　　A. 该　　　　B. 会　　　　C. 要　　　　D. 想

7 今天下午可能＿＿＿＿＿下雨。
　　A. 会　　　　B. 要　　　　C. 想　　　　D. 得

8 我家有点儿事，下午的会不＿＿＿＿＿参加了。
　　A. 会　　　　B. 该　　　　C. 能　　　　D. 要

9 现在，一些中文的小故事他都＿＿＿＿＿看懂了。
　　A. 会　　　　B. 要　　　　C. 能　　　　D. 可

10 这个问题我们＿＿＿＿＿，觉得你这么做很好。
　　A. 研究研究了　　B. 研究了研究　　C. 研究一研究　　D. 研研究究

11 我＿＿＿＿＿，这个收音机的声音不太好。
　　A. 听一听　　　B. 听着听　　　C. 听了听　　　D. 听不听

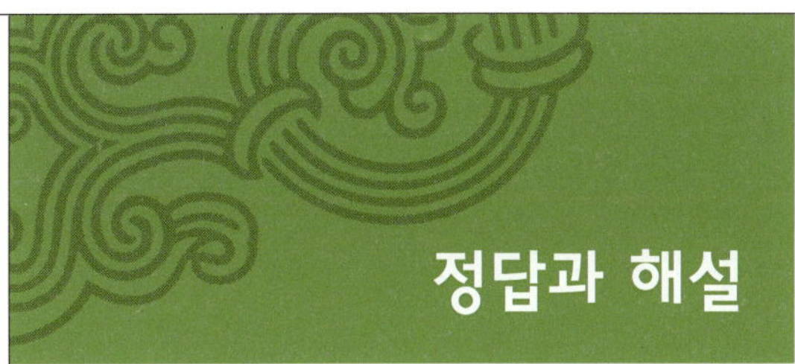

정답과 해설

1 B	2 D	3 C	4 A	5 D	6 C
7 A	8 C	9 C	10 B	11 C	

1 해석 | 나는 상하이에 다시 한번 가고 싶다.
해설 | "我还想~"은 "나는 또 ~하고 싶다"라는 의미이다. 再는 부사이기 때문에 동사 去 앞에 와야 한다.

2 해석 | 여러 차례 저를 도와주서서 감사합니다.
해설 | 帮忙은 이합동사이기 때문에 목적어를 따로 취하지 못한다. 목적어가 올 경우에는 帮과 忙 사이에 온다.

3 해석 | 학생들은 제 때 숙제를 완성해야 한다.
단어 | 按时(ànshí) : 제때에, 제 시간에
해설 | 이 문장에서 주어는 学生이므로 문장 제일 앞에 와야 한다. 按时는 부사어가 되어 동사 完成을 수식해주고 있기 때문에 능원동사 应该는 부사어 按时 앞에 위치해야 한다.

4 해석 | 당신이 크게 도와주신 것에 대해 감사를 드립니다.
해설 | 帮忙은 이합동사이기 때문에 목적어를 따로 취하지 못한다. 목적어가 올 경우에는 帮과 忙 사이에 온다.

5 해석 | 나는 저녁에 늘 잠을 잘 자지 못한다.
해설 | 常常은 부사이기 때문에 일단 동사 睡 앞에 와야 한다. 또 "잠을 잘 수 없다."는 가능보어의 부정형식을 형식을 이용하여 "睡不好觉"로 표현한다.

6 해석 | 베이징에서 상하이까지는 적어도 기차를 14시간 타야 한다.
해설 | 문장의 의미상 "~해야 한다"라는 뜻이 들어가야 한다. 따라서 要를 사용한다.

7 해석 | 오늘 오후에 비가 올 것 같다.
단어 | 可能(kěnéng) : 아마도 ~일 것이다
해설 | 문장의 의미상 추측을 나타내기 때문에 会를 사용한다.

8 해석 | 우리 집에 일이 좀 있어서, 오후의 회의에 참가할 수 없어.
해설 | "참가할 수 없다"는 의미를 나타내므로 能을 사용한다.

9 해석 | 그는 현재 중국어로 된 몇몇 짧은 이야기들을 볼 수 있다.
해설 | 중국어로 된 이야기를 누구나 볼 수 있는 것은 아니기 때문에 이 문장은 개인에 따른 능력을 나타낸다. 따라서 能을 사용한다.

10 해석 | 이 문제 우리가 한번 연구 해 봤는데, 네가 이렇게 하는 것이 아주 좋다고 생각해.
해설 | 문장의 의미상 앞 부분은 과거를 나타낸다. 따라서 "研究了研究" 형식이 와야 한다.

11 해석 | 내가 한번 들어보니까, 이 녹음기 소리 그렇게 좋지 않아.
해설 | "들어보고 녹음기 소리가 좋지 않다"고 말한 것은 이미 그 녹음기를 들어봤다는 것을 말한다. 따라서 완료형식을 사용한다.

1 | 형용사의 위치

(1) 주어＋부사＋술어형용사

今天非常<u>热</u>。 오늘은 아주 덥다.
上次的考试挺<u>难</u>的。 지난번 시험 굉장히 어려웠다.

예제 : A. 弟弟学习非常努力　　　　　B. 弟弟非常努力学习
　　　 C. 弟弟非常学习努力　　　　　D. 非常努力弟弟学习

해설 | 이 문장에서 주어는 "弟弟学习"는 주어이기 때문에 문장 제일 앞에 온다. 또 努力는
　　　형용사로써 술어로 사용되고 있다. 따라서 부사 非常은 努力 앞에 와야 한다. B의 경
　　　우 "努力"와 "学习" 사이에 "地"가 와야한다.
해석 | 동생은 공부를 아주 열심히 한다.
정답 | A

(2) 주어＋전치사＋명사＋술어형용사

他的话令我很<u>生气</u>。 그의 말은 나로 하여금 매우 화나게 했다.
那个消息使妈妈很<u>吃惊</u>。 그 소식은 엄마를 아주 놀라게 했다.

예제 : A. 王老师很热情对人　　　　　B. 王老师对人很热情
　　　 C. 很热情对人王老师　　　　　D. 人对王老师很热情

해설 | 이 문장에서 王老师는 주어이기 때문에 제일 앞에 오며, 对는 전치사로 뒤에 "명사＋
　　　동사(형용사)" 형태가 나와야 한다. 보기에서 명사는 人이고 형용사는 热情이 된다. 또
　　　很은 부사이기 때문에 热情 앞에 올 수 있다.
단어 | 热情(rèqíng) 열정적인, 따뜻한
해석 | 왕 선생님은 사람들을 아주 잘 대해주신다.
정답 | B

(3) 주어＋술어동사＋형용사(的)＋목적어

她买了一件漂亮的裙子。 그녀는 예쁜 치마 한 벌을 샀다.

门口停着一辆新车。 입구에 새 차 한 대가 멈춰있다.

해설 | 우선 真은 부사이기 때문에 동사 是 앞에 위치해야 한다. 漂亮은 형용사로 명사 衣服를 수식할 수 있다.

해석 | 이것은 정말 아름다운 옷이다.

정답 | C

(4) 주어＋형용사(地)＋술어동사＋목적어

他认真学习汉语。 그는 열심히 중국어를 공부한다.

妹妹安静地坐在沙发上看电视。 여동생은 조용하게 소파에 앉아 TV를 보고 있다.

해설 | 형용사가 부사어가 될 때 동사 앞에 올 수 있다. 이때 단음절어일 경우 바로 동사 앞에 오며, 쌍음절 동사일 경우 地를 넣는다. 이 문장에서 多는 단음절어로 동사 找 앞에서 바로 부사어가 될 수 있다.

해석 | 그녀는 나에게 2원을 더 거슬러 주었다.

정답 | D

2 | 형용사의 중첩 (형용사를 중첩할 경우 "아주"·"매우"의 의미를 갖는다.)

(1) 단음절 : A→AA

女儿静静地靠在爸爸身边。 딸은 조용히 아빠 곁에 기대어 있다.

她穿着短短的裙子。 그녀는 아주 짧은 치마를 입고 있다.

해설 | 우선 능원동사 应该는 주어 你 뒤에 와야 한다. 형용사는 동사 앞에 와서 부사어가 될 수 있다. 따라서 이 문장에서는 "好好儿休息" 형태로 사용된다.

해석 | 너는 잠시 푹 쉬어야 한다.

정답 | C

(2) 쌍음절 : AB→AABB

昨天我对你说得<u>清清楚楚</u>的。 어제 나는 너에게 아주 분명하게 말했다.
妈妈把屋子收拾得<u>干干净净</u>的。 엄마는 방을 아주 깨끗하게 치우셨다.

▶ **주의** 형용사 중첩형태에서는 "很", "非常" 등의 정도부사를 사용하지 못한다.

每天爷爷都早早儿地起床。（○）　　　每天爷爷都很早早儿地起床。（×）
매일 할아버지께서는 아주 일찍 일어나신다.

형용사가 중첩된 후 문장 끝에 올 경우에는 반드시 "的"를 넣어준다.

她的头发长长的。　　　　　（○）　　　她的头发长长。　　　　　　（×）
그녀의 머리카락은 아주 길다.

단음절 형용사가 중첩될 경우 구조조사 地는 넣을 수도 있고 생략할 수도 있다.

妈妈轻轻(地)走进我的房间。
엄마는 살짝 내 방에 들어오셨다.

쌍음절 형용사가 중첩될 경우 구조조사 地는 반드시 와야 한다.

小明的书整整齐齐地摆在书架上。（○）
샤오밍의 책은 아주 가지런히 책꽂이에 놓여져 있다.
小明的书整整齐齐摆在书架上。（×）

예제 : 姑娘们一个个打扮得＿＿＿＿＿。

A. 漂漂亮亮的　B. 非常漂漂亮亮　C. 漂亮漂亮　D. 漂亮漂亮得很

해설 | 이 문장은 형용사의 중첩형태를 묻는 문제이다. 형용사 漂亮은 쌍음절어이므로 중첩형태는 ABAB가 된다.
단어 | 打扮(dǎban) 화장하다, 치장하다, 단장하다
해석 | 아가씨들 하나하나가 아주 예쁘게 화장을 했다.
정답 | A

1
A. 护士敲了轻轻地一下门
B. 护士轻轻地敲了一下门
C. 护士轻轻地敲门了一下
D. 护士敲了门轻轻地一下

2
A. 还是多带一点儿吃的吧
B. 还是带多一点儿吃的吧
C. 还是带一点儿多吃的吧
D. 还是多一点儿带吃的吧

3
A. 你多得穿一点儿衣服
B. 你得多穿一点儿衣服
C. 你得多一点儿穿衣服
D. 你多得穿衣服一点儿

4
A. 他的书整齐地在桌子上摆
B. 他的书在桌子上整齐地摆
C. 他的书整齐地摆在桌子上
D. 他的书摆在桌子上整齐地

5
A. 那次令人旅行难忘
B. 那次令人难忘旅行
C. 令人难忘旅行那次
D. 那次旅行令人难忘

6
A. 这次比赛结果大家使很失望
B. 大家这次比赛结果使很失望
C. 这次比赛结果使人家很失望
D. 大家很失望使这次比赛结果

7 一到节日，大家都＿＿＿＿＿地去参加联欢活动。

A. 高兴高兴　　　B. 高高兴兴　　　C. 高兴一下　　　D. 高一下兴

8 安娜每天＿＿＿＿＿写汉字。

A. 认认真真　　　B. 认真真　　　C. 很认真　　　D. 认认真真地

9 他拿着一个＿＿＿＿＿杯子。

A. 大大的　　　B. 大的　　　C. 大大　　　D. 特别大

10 她的个子＿＿＿＿＿，头发＿＿＿＿＿。

A. 很高的　很长的
B. 高高　长长
C. 很高　很长
D. 高的　长的

정답과 해설

1 B	2 A	3 B	4 C	5 D	6 C
7 B	8 D	9 A	10 C		

1
해석 | 간호사는 가볍게 문을 한 번 노크했다.
단어 | 护士(hùshi) : 간호사
敲(qiāo) : 두드리다, 치다
해설 | 地는 형용사가 동사를 수식할 수 있도록 연결해 주는 역할을 하는데 문장에서 "형용사+地+동사" 형태를 취한다. 이곳에서 형용사는 轻이고 동사는 敲이므로 어순은 "轻轻地敲" 순이 되어야 한다.

2
해석 | 그래도 좀 많이 가져가 먹어.
단어 | 还是~吧(háishi~ba) : 그래도 ~해
해설 | 단음절 형용사가 부사어가 될 경우 동사 앞에 올 수 있다. 이곳에서 동사는 带이므로 단음절 형용사 多는 그 앞에 올 수 있다.

3
해석 | 너는 옷을 좀 많이 입어야 한다.
해설 | 단음절 형용사가 부사어가 될 경우 동사 앞에 올 수 있다. 이곳에서 동사는 穿이므로 단음절 형용사 多는 그 앞에 올 수 있다. 이때 得(děi)는 조동사로 "~해야 한다"는 의미이다.

4
해석 | 그의 책은 테이블 위에 가지런히 놓여져 있다.
단어 | 摆(bǎi) : 늘어두다, 진열하다
해설 | 地는 형용사가 동사를 수식할 수 있도록 연결해주는 역할을 하는데 문장에서 "형용사+地+동사" 형태를 취한다. 이곳에서 형용사는 整齐이고 동사는 摆이므로 어순은 "整齐地摆" 순이 되어야 한다.

5
해석 | 그 여행은 사람으로 하여금 잊기 어렵게 한다.
단어 | 难忘(nánwàng) : 잊을 수 없다, 잊기 어렵다
해설 | 令은 사역을 나타내는 전치사이기 때문에 뒤에 나오는 어순은 "명사+동사" 형태가 나온다. 이 문장에서 명사는 人이고, 동사는 难忘이다.

6
해석 | 이번 경기 결과는 사람들을 크게 실망시켰다.
단어 | 失望(shīwàng) : 실망하다
해설 | 使는 사역을 나타내는 전치사이기 때문에 뒤에 나오는 어순은 "명사+동사" 형태가 나온다. 이 문장에서 명사는 大家이고, 동사는 失望이다.

7
해석 | 기념일이 되면 사람들은 아주 기쁘게 친목활동을 하러 간다.
단어 | 节日(jiérì) : 경축일, 기념일
联欢活动(liánhuānhuódòng) : 친목활동
해설 | 괄호 뒤에 地가 있어 형용사가 와야 된다. 형용사의 중첩형식은 AABB이다.

8
해석 | 안나는 매일 한자를 아주 열심히 쓴다.
해설 | 형용사가 중첩되어 동사를 수식할 때에는 구조조사 地를 반드시 넣어준다.

9
해석 | 그는 아주 큰 컵 하나를 들고 있다.
해설 | 단음절 형용사가 중첩되어 중심어(명사)를 수식할 때 구조조사 的를 넣어준다.

10
해석 | 그녀의 키는 아주 크고 머리카락도 아주 길다.
해설 | 중첩된 형용사가 문장 끝에 사용될 경우 반드시 뒤에 的를 넣어준다. 그렇지 않는 경우는 "정도부사+형용사" 형태로 표현한다.

1 | 수사

(1) 분수와 소수 · 배수의 표시

01 분수 : □分之□

四分之一 → 4분의 1 / 百分之五十 → 50%

02 소수 : □点□

零点九 0.9 / 七点三 7.3 / 六十八点一三 68.13

03 배수 : □倍

两倍 2배 / 十倍 10배 / 三点三倍 3.3배

예제

十是五十的五＿＿＿一。

A. 倍　　　B. 分之　　　C. 分　　　D. 点

해설 | 문장의 의미상 5분의 1을 나타내므로, 분수를 나타내는 말을 찾는다. 倍는 배수, 分之는 분수, 分은
시간의 분, 点은 소수점을 나타낸다.
해석 | 10은 50의 5분의 1이다.
정답 | B

(2) "多"와 "来"의 위치

01 1-9까지의 정수 : 수사 + 양사 + 多/来 + 명사

九斤多苹果 9근여 사과 / 一个多月 한 달여 / 四个来小时 네 시간 정도 시간

02 "0"으로 끝나는 경우 : 수사 + 多/来 + 양사 + (명사)

二十多个月 이십여 개월 / 二十来斤苹果 사과 이십여 근 / 三十来本书 책 삼십여 권

我们公司生产的产品远销 ______ 国家和地区。

A. 多四十个　　　　B. 四十多个　　　　C. 四十个多　　　　D. 四多十个

해설 | "四十"는 끝자리가 0으로 끝나므로 어림수를 나타내는 "多"는 "四十" 바로 뒤에 와야 한다.
단어 | 远销(yuǎnxiāo) 먼 곳까지 팔리다　地区(dìqū) 지구, 지역
해석 | 우리 회사에서 만든 생산품은 멀리 40여 개의 국가와 지역에서 팔린다.
정답 | B

(3) "半"의 위치

01 半＋양사＋명사(半은 양사 앞에 온다)

半个小时 반 시간 / 半个月 반 달 / 半个苹果 사과 반 개

02 수사＋양사＋半＋명사(앞에 수가 있을 경우 수사와 양사 뒤에 "半"을 사용)

一个半小时 한 시간 반 / 一个半月 한 달 반 / 十斤半苹果 사과 열 근 반

A. 他一个半小时的信写了　　　　B. 他写了信一个半小时的
C. 他写一个小时半的信了　　　　D. 他写了一个半小时的信

해설 | 우선 "1시간 반"은 "一个半小时"이라고 표현한다. 목적어가 사물일 경우에는 수량사는 동사와 목적어 사이에 오게 된다. 이곳에서 목적어 信은 사물이므로 一个半小时는 그 앞에 온다.
해석 | 그는 1시간 반 동안 편지를 썼다.
정답 | D

2 | 양사

(1) 명량사(명사를 헤아리는 양사)

01 위치

① 这/那＋수사＋양사＋명사

那家商店不大。 그 상점은 크지 않다.
中文系有两百名学生。 중문과에는 200명의 학생이 있다.

② 수사＋양사＋형용사(＋的)＋명사

她昨天买了<u>一件新衣服</u>。 그녀는 어제 새 옷 한 벌을 샀다.

前面走来<u>一个小姑娘</u>。 앞쪽에서 어린 아가씨 한 명이 걸어왔다.

02 개체양사(개체사물에 헤아리는데 사용)

块	덩어리 형태나 조각 형태의 물건	面包/蛋糕/橡皮/巧克力……
把	자루가 있는 것이나 손잡이와 유사한 기물	伞/椅子/钥匙/牙刷……
张	면이 넓고 평평한 물체	纸/床/嘴/桌子/画儿/车票……
本	서적이나 얇은 책	书/教材/杂志/词典……
间	문과 창이 있는 방	卧室/教室/病房……
条	가늘고 길며 굽는 물건	腿/路/河/裤子/裙子……
支	가늘고 길며 원통형 물건	枪/铅笔/香烟/蜡烛……
根	가늘고 길면서 강도나 경도가 있는 물건	针/头发/棍子……
件	옷(상의), 일	上衣/事情/礼物……
份	신문, 문건, 세트, 분(끼니)	报纸/合同/礼物/早饭……
名	신분이 있는 사람	学生/职员/记者……
口	가족, 돼지, 그릇, 주둥이와 관련 된 것	人/猪/井/(流利的)汉语……
座	아주 거대하고 고정된 물체	山/桥/塔/城市/寺庙……
家	상업성이 있는 건물	商店/银行/饭店/公司……
所	상업성이 없는 건물	学校/医院/研究所……
篇	문장	文章/论文……
首	시, 노래	诗/歌……
台	기계 같은 제품	电脑/电视/洗衣机……
门	학문, 기술 따위의 항목	功课/外语/科学……
辆	자전거나 자동차 등의 교통수단	汽车/火车/自行车……
部	서적, 음반	电影/小说……

| 笔 | 금전, 교역, 사업 | 钱/资金/生意/买卖…… |
| 身 | 몸에 걸쳐져 있는 물건이나 묻어있는 것 | 汗/泥/衣服…… |

예제1: 他手里夹着一______快要抽完的香烟。

　　A. 盒　　　B. 条　　　C. 个　　　D. 支

해설 | 목적어 香烟(담배)은 길고 원통형 물건이므로 양사 支를 사용한다. 盒는 담배 갑이나 테이프 갑 등과 같은 작은 상자를 헤아리는 양사이다.

단어 | 夹(jiā) 끼우다, 집다

해석 | 그의 손에는 곧 다 피워가는 담배 한 대가 끼워져 있다.

정답 | D

예제2: 我家的马有一______腿受伤了，我要找个人给它看看。

　　　　　　　　　　　A. 条　　　B. 只　　　C. 双

D. 个

해설 | 腿(다리)는 가늘면서도 구부릴 수 있는 것이므로 양사 条를 사용한다.

단어 | 受伤(shòushāng) 부상을 입다

해석 | 우리 집 말의 한쪽 다리가 다쳤어, 나는 보여 줄 사람을 찾아야 해.

정답 | A

03 집합양사(두 개 이상의 개체로 구성된 사물을 헤아리는데 사용)

套	세트로 이루어진 물건	衣服/房子/邮票/茶具……
双	쌍을 이루는 신체의 일부나 몸에 부착되는 것	鞋/手/脚/袜子/眼睛……
对	쌍을 이루며 남녀 혹은 암수 성별을 가지는 것	夫妻/恋人/鸟/耳环……
批	수량이 많은 화물이나 편지 혹은 사람	书/货/学生/电视机……
副	짝 혹은 대칭·대구가 되거나 놀이용 기구	棋/扑克/眼镜/象棋/对联……

예제: 他戴着一______茶色墨镜。

　　A. 只　　　B. 个　　　C. 副　　　D. 双

해설 | 墨镜(선글라스)은 양쪽이 서로 대칭이 되는 물건이기 때문에 양사 副를 사용한다. 只(zhī)는 동물을 세는 단위로 "마리"라는 뜻이다.

단어 | 戴(dài) 착용하다, 쓰다　墨镜(mòjìng) 선글라스, 색안경

해석 | 그는 어제 녹색 선글라스를 끼고 있었다.

정답 | C

01 위치

① 동사＋동량사＋사물목적어

他去过**两次**中国。 그는 두 번 중국에 간 적이 있다.
昨天这里下了**一场**大雨。 어제 이곳에 한 차례 큰비가 내렸다.

예제 ： A. 我去过美国旅行三次 　　　 B. 我去美国过旅行三次
　　　　 C. 我去美国旅行过三次 　　　 D. 我去美国旅行三次过

해설 ｜ 동량사는 보통 동사와 목적어 사이에 위치한다. 이 문장에서 旅行이 동사이기 때문에 동량사 三次는 문장 제일 뒤에 위치한다. 또 동태조사 过는 연동문일 때 두 번째 동사 뒤에 위치하게 된다.

해석 ｜ 나는 미국에 세 번 여행 간 적이 있다.

정답 ｜ C

② 동사＋인칭대명사＋동량사

今天我找过你**两次**，你都不在。 오늘 나는 너를 두 번 찾았는데, 너는 모두 없었다.
他常常迟到，老师曾经批评过他**一顿**。
그는 늘 지각해서, 선생님께서 예전에 그를 한 차례 나무란 적이 있다.

예제 ： A. 以前我见过一次他 　　　 B. 以前我一次见过他
　　　　 C. 以前一次我见过他 　　　 D. 以前我见过他一次

해설 ｜ 목적어가 인칭대명사일 경우 동량사는 대명사 뒤에 위치한다, 문장에서 목적어 他는 인칭대명사이므로 동량사 一次는 他 뒤에 와야 한다.

해석 ｜ 이전에 나는 그를 한번 본 적이 있다.

정답 ｜ D

02 동량사의 종류

次	단순반복적인 동작의 횟수	去/来/找/讨论…
回	반복적으로 출현하는 동작, "次"보다 더욱 구어체 표현이다.	去/来/看/听/吃/送…
顿	끼니, 나무라거나 야단치는 동작	打/骂/说/教训/批评…
阵	갑작스럽고 짧은 시간에 끝나는 일	风/雨/歌声/笑声/掌声…
场	비, 눈, 바람, 경기, 공연	雨/电影/比赛…
趟	한번 갔다가 되돌아오는 것	去/来/跑/走…
遍	처음부터 끝까지의 전체 과정(책, 테이프, 편지…)	听/说/读/念…

예제 : 昨天晚上下了一＿＿＿＿＿大雪，直到今天早上才停。

A. 场　　　B. 次　　　C. 回　　　D. 顿

해설 | 눈·비·바람 같은 자연현상이 한 바탕 진행된 경우 양사로 场을 사용한다.

해석 | 어제 저녁에 한 차례 큰 눈이 내려 오늘 아침에서야 그쳤다.

정답 | A

(3) 양사의 특수용법

01 양사가 중첩될 경우 "每＋양사"의 의미와 같다.

她天天来补习班学汉语。(＝她每天来补习班学汉语。)

그녀는 매일 학원에 와서 중국어를 공부한다.

这些衣服件件都很漂亮。(＝这些衣服每件都很漂亮。)

이 옷들은 벌 벌마다 아주 예쁘다.

예제 : 她＿＿＿＿＿一个人在家，儿子，儿媳都工作，没时间陪她聊天。

A. 日日　　　B. 夜夜　　　C. 天天　　　D. 号号

해설 | 양사를 중첩하면 "~마다"라는 의미를 갖는다. 이 문장은 의미상 "날마다"가 들어가야 한다.

단어 | 儿媳(érxí) 며느리　陪(péi) 모시다, 동반하다

해석 | 그녀는 날마다 혼자서 집에서 있다, 아들과 며느리 모두 일하고 있어 그녀를 모시고 이야기할 시간이 없다.

정답 | C

02 一＋양사(＋명사)＋也(都)＋没(不)＋술어

来中国以前，他一句汉语也不会说。 중국에 오기 전에 그는 중국어를 한마디도 못했다.

今天一点儿都不冷。 오늘은 조금도 춥지 않다.

예제 : A. 我一次都没听这个讲座过　　　B. 这个讲座我都没听过一次

C. 这个讲座我一次都没听过　　　D. 这个讲座我都一次没听过

해설 | "一次都没~"는 "한번도 ~한 적이 없다"라는 의미이다.

단어 | 讲座(jiǎngzuò) 강좌

해석 | 이 강좌 나는 한번도 들어본 적이 없다.

정답 | C

雨下了<u>一场又一场</u>, 不知道什么时候才会停。

비가 한 차례 또 한 차례 내려, 언제 그칠지 알 수 없다.

为了买到那本书, <u>他一趟又一趟</u>地往书店跑。

그 책을 사기 위해 그는 한 번 또 한 번 서점으로 쫓아다녔다.

예제: 这些话我一遍＿＿＿一遍地说, 就是怕你忘了, 可你还是忘了。

A. 再   B. 又   C. 还   D. 也

해설 | 문장의 의미상 동작의 반복을 나타낸다. 동작의 반복을 나타낼 때에는 중간에 又를 넣는다.

단어 | 怕(pà) 걱정하다, 무섭다

해석 | 이 말들을 네가 잊어버릴까봐 한 번 또 한 번 해주었는데, 넌 그래도 잊어버렸어.

정답 | B

1 A. 他也没喝一口茶　　　　　B. 他茶一口也没喝
C. 茶他一口也没喝　　　　　D. 他一口茶也没喝

2 A. 他一首也不会唱中文歌　　B. 他一首中文歌也不会唱
C. 他不会唱一首中文歌也　　D. 他也不会唱一首中文歌

3 A. 我也没去过上海一次　　　B. 我也没去过一次上海
C. 上海我一次也没去过　　　D. 上海我也没去过一次

4 A. 一点儿也没意思这个地方　B. 这个地方没意思一点儿也
C. 这个地方也没意思一点儿　D. 这个地方一点儿也没意思

5 A. 这个菜也不好吃一点儿　　B. 一点儿也这个菜不好吃
C. 这个菜一点儿也不好吃　　D. 一点儿这个菜也不好吃

6 春节前这里下了一______雪。
A. 场　　　　B. 遍　　　　C. 片　　　　D. 阵

7 这本书特别有意思，我读了好几______。
A. 下　　　　B. 次　　　　C. 趟　　　　D. 遍

8 数学是一______基础科学。
A. 门　　　　B. 个　　　　C. 类　　　　D. 支

9 这______衬衫的样子很不错。
A. 条　　　　B. 个　　　　C. 张　　　　D. 件

10 小明肚子疼，昨天只吃了一______饭。
A. 次　　　　B. 趟　　　　C. 顿　　　　D. 回

11 不知从什么地方传来______歌声。

    A. 一句句   B. 一阵阵   C. 一首首   D. 一段段

12 那位美国专家能说一______流利的汉语。

    A. 嘴   B. 种   C. 套   D. 口

13 请你把这两______文件复印一下。

    A. 篇   B. 份   C. 张   D. 部

14 这______《黄山风景》明信片一共十张。

    A. 幅   B. 座   C. 套   D. 本

15 杯子里的水他______也没喝。

    A. 一杯   B. 一口   C. 一下儿   D. 一会儿

16 女朋友换了一个______一个, 可他就是不想结婚。

    A. 再   B. 又   C. 还   D. 另

정답과 해설

1 D	2 B	3 C	4 D	5 C	6 A
7 D	8 A	9 D	10 C	11 B	12 D
13 B	14 C	15 B	16 B		

1
해석 | 그는 차를 한 모금도 마시지 않았다.
단어 | 一口(yìkǒu) : 한 입, 한 모금
해설 | "一口茶也没喝"는 "한 모금의 차도 마시지 않았다"라는 의미이다.

2
해석 | 그는 중국어 노래 한 곡도 부르지 못한다.
단어 | 首(shǒu) : 곡, 수 (노래나 시를 헤아리는 양사)
해설 | "一首中国歌也不会唱"는 "중국 노래 한 곡도 할 줄 모른다."는 의미이다.

3
해석 | 나는 상하이에 한번도 가 본 적이 없다.
해설 | "一次也没去过"는 "한번도 가 본 적이 없다"는 의미이다.

4
해석 | 이곳은 재미가 하나도 없다.
해설 | "一点儿也没意思"는 "조금도 재미가 없다"는 의미이다.

5
해석 | 이 음식은 맛이 하나도 없다.
해설 | "一点儿也不好吃"는 "조금도 맛이 없다"는 의미이다.

6
해석 | 설날 전에 이곳에 한 차례 눈이 내렸다.
해설 | 눈이 내리는 것의 양사로는 场을 사용한다.

7
해석 | 이 책은 특히 재미있다, 나는 몇 번이나 읽었다.
해설 | 처음부터 끝까지 전체 과정이 있는 경우에는 遍을 사용한다. 次는 동작의 단순반복에 사용하고, 趟은 한번 왔다가 되돌아가는 경우에 사용한다.

8
해석 | 수학은 기초과학이다.
단어 | 数学(shùxué) : 수학
基础(jīchǔ) : 기초
科学(kēxué) : 과학
해설 | 수학은 학문의 한 분야이므로 门을 사용한다. 类(lèi)는 명사로써 "종류"라는 의미이다.

9
해석 | 이 셔츠의 디자인은 아주 괜찮다.
해설 | 셔츠는 옷이므로 件을 사용한다.

10
해석 | 샤오밍은 배가 아파 어제 밥 한 끼만 먹었다.
단어 | 肚子(dùzi) : 배
疼(téng) : 아프다
해설 | 이곳에서는 "끼니"의 의미이므로 顿을 사용한다. 次와 回는 둘 다 단순동작의 반복을 나타낸다.

11
해석 | 어디선지 모르겠지만 노래 소리가 계속해서 들려왔다.
단어 | 传(chuán) : 전해오다
해설 | 시간이 한 차례 계속되는 경우에는 阵을 사용한다. 句는 "구절"·"마디", 首는 "수"·"곡", 段은 "단락"·"토막"의 의미이다.

12
해석 | 그 미국 전문가는 유창한 중국어를 구사할 수 있다.
단어 | 专家(zhuānjiā) : 전문가
해설 | 유창한 중국어는 입으로 구사하는 것이기 때문에 口를 사용한다. 套는 "세트"의 의미이다.

13
해석 | 이 두 가지 서류를 복사 좀 해 주세요.
단어 | 文件(wénjiàn) : 문건, 서류
复印(fùyìn) : 복사하다
해설 | 문건이나 서류를 세는 양사는 件이다. 篇은 문장을 세는 양사이고, 部는 서적이나 음반을 세는 양사이다.

14
해석 | 이 《황산풍경》 엽서는 모두 10장이다.
단어 | 黄山(Huángshān) : 황산
明信片(míngxìnpiàn) : 우편엽서
해설 | 엽서가 총 10장으로 구성되어 있다는 것은 하나라도 빠져서는 안 되는 세트 개념

이라고 볼 수 있다. 따라서 套를 사용한
다. 만일 낱장이라면 张을 사용한다. 幅
(fù)는 그림을 세는 양사이다.

15 **해석 |** 잔 속의 물을 그는 한 모금도 마시지 않
았다.
해설 | 물을 마시는 것과 관련되므로 一口를 사
용한다. 一下儿은 "한번", 一会儿은 "잠
시"라는 의미이다.

16 **해석 |** 여자친구를 한 명 또 한 명 바꾸었지만,
그는 결혼하고 싶어 하지 않는다.
해설 | "一+양사+又一+양사" 형태는 동작의
거듭된 반복을 나타낸다. 따라서 又가 와
야 한다.

부사

부사는 방식·정도·시간·어기 등에서 동사·형용사 혹은 전체문장을 수식 제한하는 품사이다.

1 | 부사의 위치

(1) 주어＋<u>부사</u>＋동사 / 형용사 (＋기타성분)

他们<u>都</u>是留学生。 그들은 모두 유학생이다.
那儿的景色<u>太</u>漂亮了。 그곳의 경치는 아주 아름답다.

예제 : A. 是我们都法国学生 　　　 B. 都我们是法国学生
　　　 C. 我们是都法国学生 　　　 D. 我们都是法国学生

해설 | 이 문장에서 주어는 我们이기 때문에 일단 맨 앞으로 와야 한다. 그 다음 都는 부사이기 때문에 동사 是 앞에 위치해서 "都是~"형태가 되어야 한다.

해석 | 우리 모두 프랑스 학생이다.

정답 | D

(2) 주어＋<u>부사</u>＋전치사구＋동사 (＋기타성분)

我<u>常常</u>在图书馆学习。 나는 늘 도서관에서 공부한다.
我<u>已经</u>把这件事告诉他了。 나는 이미 이 일을 그에게 알려주었다.

예제 : A. 他们俩终于租到在市中心一套房子了
　　　 B. 他们俩在市中心终于一套房子租到了
　　　 C. 他们俩终于在市中心租到了一套房子
　　　 D. 终于他们俩租到在市中心一套房子了

해설 | 문장에서 终于는 부사이고, 在市中心이 전치사구이기 때문에 "终于在市中心"순으로 나와야 한다.

단어 | 俩(liǎ) 두사람, 두개　终于(zhōngyú) 마침내, 결국　市中心(shìzhōngxīn) 시내　租(zū) 임차하다, 세내다　套(tào) 채(집을 세는 양사)

해석 | 그들 두 사람은 마침내 시내에 방 하나 얻었다.

정답 | C

(3) 주어＋<u>부사</u>＋능원동사(＋전치사구)＋동사(＋기타성분)

他也想去长城。 그도 만리장성에 가고 싶어 한다.
我不愿意跟你们一起吃饭。 나는 너희들과 함께 밥 먹고 싶지 않다.

예제 : A. 他想早就把这本书翻译成英文了
　　　 B. 他早就把这本书想翻译成英文了
　　　 C. 他早就把这本书翻译想成英文了
　　　 D. 他早就想把这本书翻译成英文了

해설 | 이 문장에서 전치사구는 "把这本书" 이고, 想은 조동사, 早就는 부사이기 때문에 어순
　　　 은 "早就想把这本书~" 형태가 되어야 한다.
단어 | 早就(zǎojiù) 일찌감치　翻译(fānyì) 번역하다
해석 | 그는 일찌감치 이 책을 영어로 번역하고 싶어 했다.
정답 | D

(4) 주어＋<u>부사</u>＋동사1＋목적어1＋동사2＋목적어2 (연동문)
　　 주어＋<u>부사</u>＋동사1＋겸어＋동사2＋목적어 (겸어문)

我没去中国学习汉语。 나는 중국어를 공부하려고 중국에 가지 않았다. (연동문)
妈妈不让我去那儿玩儿。 엄마는 나더러 그곳에 가서 놀지 못하게 하셨다. (겸어문)

예제1 : A. 我走路只好回家　　　　　 B. 我只好回家走路
　　　　 C. 只好我走路回家　　　　　 D. 我只好走路回家

해설 | 이 문장은 동사 走와 回가 연이어 나오는 연동문이다. 연동문에서 부사는 첫 번째 동
　　　 사 앞에 위치한다. 따라서 부사 只好는 첫 번째 동사 走 앞에 와야 한다.
단어 | 只好(zhǐhǎo) 하는 수 없이
해석 | 나는 하는 수 없이 걸어서 집으로 돌아갔다.
정답 | D

예제2 : A. 小张常常让我帮他修电脑　 B. 小张帮他修电脑常常让我
　　　　 C. 小张常常帮他让我修电脑　 D. 小张让我常常帮他修电脑

해설 | 이 문장은 让이 있어 겸어문이다. 겸어문에서 부사 常常은 첫 번째 동사 앞에 온다.
　　　 이 문장에서 첫 번째 동사는 让이므로 常常 그 앞에 온다.
해석 | 샤오장은 항상 나더러 그가 컴퓨터 수리하는 것을 도와주라고 한다.
정답 | A

2 | 부사의 종류

(1) 정도부사 : 정도부사＋형용사／심리상태를 나타내는 동사

01 종류

很	hěn	아주, 매우, 잘
挺	tǐng	아주, 매우, 대단히
太	tài	아주, 몹시, 너무
可	kě	아주, 매우, 정말
极	jí	아주, 극히
最	zuì	가장
真	zhēn	정말
特别	tèbié	특히, 특별히
尤其	yóuqí	특히
非常	fēicháng	매우, 대단한
十分	shífēn	십분, 매우
多(么)	duō(me)	얼마나
几乎	jīhū	거의
比较	bǐjiào	비교적
有点儿	yǒudiǎnr	조금, 약간

예제

昨天爸爸＿＿＿＿生气，因为我不听话。

A. 十分　　　B. 常常　　　C. 不太　　　D. 有时

해설 | 문장의 의미상 "매우", "아주"의 의미가 들어가야 한다. 有时는 "때때로", "이따금씩"이라는 의미이다.

단어 | 生气(shēngqì) 화내다

해석 | 어제 아빠는 내가 말을 듣지 않았기 때문에 아주 크게 화를 내셨다.

정답 | A

02 고정용법

① 挺……的 : 아주……하다

他的汉语水平挺高的。　그의 중국어 실력은 대단하다.

我们学校留学生挺多的。　우리 학교에는 유학생이 아주 많다.

② ……极了 : 굉장히……하다

他聪明极了。　그는 굉장히 총명하다.

他踢足球踢得棒极了。　그는 축구를 굉장히 잘 찬다.

③ 太……了 : 매우……하다

你们**太**辛苦**了**。　너희들 매우 수고했다.
这件衣服**太**贵**了**。　이 옷은 매우 비싸다.

④ 可……了 : 아주……하다

这个电影**可**有意思**了**。　이 영화는 아주 재미있다.
孩子们**可**喜欢这里**了**!　아이들은 이곳을 아주 좋아한다.

⑤ 多(么)……啊 : 얼마나……한가

这里的景色**多**美**啊**!　이곳의 경치 얼마나 아름다운가!
机会**多**难得**啊**, 你不能不去。　얼마나 얻기 힘든 기회인가! 너는 가지 않으면 안 된다.

⑥ 真……啊 : 정말……한가

这张画儿**真**漂亮**啊**!　이 그림 정말 멋져!
今天的天气**真**冷**啊**!　오늘 날씨 정말 추워!

예제

1_ 姐姐买的这件衣服＿＿＿＿好看的。

　A. 真　　　B. 特别　　　C. 挺　　　D. 很

해설 | 문장의 의미상 보기 중의 단어 모두가 가능하다. 그렇지만 문장 끝에 的와 호응할 수 있는
부사는 挺이 유일하다. 很 역시 "매우", "아주"라는 의미이나 뒤에 부사만 온다.
해석 | 언니가 산 이 옷은 아주 보기가 좋다.
정답 | C

2_ 我＿＿＿＿喜欢这件衣服了, 没有大的, 只好买小一点儿的。

　A. 很　　　B. 太　　　C. 非常　　　D. 比较

해설 | 문장의 의미상 "매우", "아주"라는 의미가 들어가야 한다. 따라서 보기 중에서 很·太·非
常이 정답이 될 수 있다. 그러나 문장 끝에 了와 호응하는 단어는 太 밖에 없다.
해석 | 나는 이런 옷을 아주 좋아한다, 큰 것이 없어, 하는 수 없이 조금 작은 것을 샀다.
정답 | B

(2) 어기(말하는 사람의 심정) 부사

却	què	오히려, 도리어
倒	dào	오히려, 거꾸로, 역으로
可能	kěnéng	아마도
也许	yěxǔ	어쩌면, 아마도, 혹시

恐怕	kǒngpà	아마도~ 일 것이다(안 좋은 결과를 예상)
大概	dàgài	대강의, 대충의
大约	dàyuē	대략, 얼추, 대개는
难道	nándào	설마~이겠는가?
到底	dàodǐ	도대체, 마침내, 결국
究竟	jiūjìng	도대체, 필경, 어째든
竟(然)	jìng(rán)	결국, 마침내, 뜻밖에도, 의외에
居然	jūrán	뜻밖에도, 생각밖에
果然	guǒrán	과연
简直	jiǎnzhí	그야말로, 완전히, 실로
反正	fǎnzhèng	어쨌든, 아무튼
其实	qíshí	사실은, 실제로는
根本	gēnběn	전혀, 도무지, 아예
尽量	jǐnliàng	가능한 한, 될 수 있는 대로
原来	yuánlái	원래, 알고 보니
千万	qiānwàn	제발, 반드시, 아무쪼록 꼭
好(不)容易	hǎo(bu)róngyi	겨우, 가까스로
只好	zhǐhǎo	하는 수 없이
并不	bìngbù	결코~하지 않다, 결코~이 아니다

1_ 他工作太忙了______把妻子的生日都忘了。

A. 竟然　　　　B. 意外　　　　C. 究竟　　　　D. 终于

해설 | 把 앞이 비워져 있어 일단 부사가 들어가야 하며, 의미상 "뜻밖에"·"의외로"라는 단어가 들어가야 한다. 竟然은 부사로써 "뜻밖에도"라는 의미로 정답이 된다. 意外는 "뜻밖에도" 라는 의미이지만 형용사이기 때문에 위치상 부적절하다. 究竟은 "도대체", 终于는 "마침내"라는 의미이다.

단어 | 妻子(qīzi) 아내, 부인

해석 | 그는 일이 너무 바빠, 뜻밖에 아내의 생일조차도 깜빡해 버렸다.

정답 | A

2_ 这次考试, 全做对的______只有三分之一。

A. 几乎　　　　B. 至少　　　　C. 差点儿　　　　D. 大概

해설 | 의미상 추측성의 단어가 들어가야 한다. 几乎는 "거의", 至少는 "적어도", 差点儿은 "하마 터면", 大概는 "대략"의 의미이다. 이중 추측성의 의미를 가진 단어는 "大概" 밖에 없다.

단어 | 全(quán) 모두　对(duì) 맞다, ~에 대해서　至少(zhìshǎo) 최소한
差点儿(chàdiǎnr) 하마터면

해석 | 이번 시험에서 모두 다 맞춘 학생은 3분의 일에 불과하다.

정답 | D

▶ **주의**　어기부사는 동사 · 형용사를 수식할 수도 있고, 전체 문장을 수식할 수 있다.

爸爸下个月也许去中国。(○) 아빠는 다음 달에 아마 중국에 갈 것이다.

爸爸也许下个月去中国。(○)

也许爸爸下个月去中国。(○)

⌐ **예제:** A. 这到底是怎么一回事　　B. 一回事这到底是怎么

C. 这是怎么一回事到底　　D. 怎么一回事到底这是

해설 | 到底는 부사이기 때문에 동사 是 앞에 있어야 한다. "어떻게 된 일인가?"는 "怎么一回事"로 표현한다.

해석 | 이거 도대체 어떻게 된 일인가?

정답 | A

(3) 시간부사

就	jiù	곧, 즉시, 단지
才	cái	비로소, 겨우
老(是)	lǎo(shì)	언제나, 늘
总(是)	zǒng(shì)	꼭, 아무래도, 언제나
正	zhèng	마침, 바로
在	zài	~하고 있다.
正在	zhèngzài	마침 ~하고 있다.
立刻	lìkè	즉시, 곧, 당장
马上	mǎshàng	곧, 즉시
都	dōu	벌써(끝에 了를 수반한다)
已经	yǐjīng	이미, 벌써
曾经	céngjīng	일찍이, 예전에
刚(刚)	gāng(gāng)	막 ~하다
渐渐	jiànjiàn	점점, 점차
从来	cónglái	지금까지, 여태까지
一直	yìzhí	줄곧, 계속해서
仍(然)	réngrán	여전히, 원래대로, 변함없이
始终	shǐzhōng	한결같이, 시종일관
终于	zhōngyú	마침내, 결국, 끝내
早晚	zǎowǎn	조만간에

예제

1_ 小吴______参加工作, 对工作还不太熟悉。

A. 就要　　　B. 刚刚　　　C. 正在　　　D. 刚才

해설 | 의미상 "막"이라는 뜻이 들어가야 하고, 参加는 동사이기 때문에 부사가 와야 한다. 따라서 刚刚이 와야 한다. "就要"는 뒤에 了가 호응하며 일이 곧 발생하려 함을 나타내며, 正在는 "마침~하다"는 의미로 동작의 진행을 나타내며, 刚才는 명사로 "방금"이라는 의미이다.

단어 | 熟悉(shúxī) 잘알다, 숙지하다

해석 | 샤오우는 막 일을 시작했기 때문에 일에 대해 그렇게 잘 알지 못한다.

정답 | B

2_ 这个箱子太重了! 得两个小伙子______能把它搬上楼。

A. 也　　　B. 都　　　C. 就　　　D. 才

▶ **주의** 都와 已经은 부사이지만 시간명사와 시량사를 수식할 수 있다.

已经12月了, 新年快到了。 벌써 12월이다, 새해가 곧 온다.

都2点了, 他怎么还没来? 벌써 2시인데, 그는 왜 아직 안 오지?

└ 예제 :　A. 都12点他才回来了　　　B. 都12点了他才回来

　　　　　C. 他才回来都12点了　　　D. 都12点了才他回来

해설 | "都~了"는 "벌써~했다."라는 의미이다. 이때 了는 어기조사로써 문장 맨 끝
에 온다. 따라서 "都12点了"가 되어야 한다.
해석 | 12시가 되어서야 그는 돌아왔다.
정답 | B

(4) 빈도부사

又	yòu	또, 다시, 거듭(과거의 일)
再	zài	다시, 재차, 더(미래의 일)
还	hái	아직, 더, 더욱
也	yě	~도, 역시, 또한
经常	jīngcháng	늘, 항상 (미래, 과거)
常常	chángcháng	자주, 항상 (미래, 과거)
往往	wǎngwǎng	왕왕, 이따금 (과거)

1_ 时间还早, 我们＿＿＿玩儿一会儿吧!

　　A. 还　　　B. 又　　　C. 再　　　D. 更

해설 | 의미상 시간이 이르니까 놀자는 의미이기 때문에 "논다"는 동작은 아직 실행되지 않은 미
래의 일이 된다. 미래의 일에는 再를 사용한다. 반대로 과거의 일에는 又를 사용한다. 更은
"더욱"이라는 의미이다.
해석 | 시간이 아직 이르니, 우리 다시 잠깐 놀자!
정답 | C

2_ 希望我们以后＿＿＿联系。

　　A. 往往　　　B. 经常　　　C. 一直　　　D. 总是

해설 | 문장의 의미상 "자주", "항상"이라는 의미가 들어가야 한다. 보기에 이런 의미를 갖는 단어
는 往往과 经常이 있다. 往往은 과거형 문장에 사용하고, 经常은 과거, 미래 구분 없이
사용할 수 있다. 이 문장은 以后가 있어 미래형 문장임을 알 수 있다. 따라서 经常을 사용
한다.
단어 | 联系(liánxì) 연락하다
해석 | 우리 다음에 자주 연락하기를 바랍니다.
정답 | B

(5) 범위부사

都	dōu	모두, 이미, 벌써
全	quán	모두, 전적으로
只	zhǐ	다만, 단지, 오직
就	jiù	단지, 오로지, ~만
仅(仅)	jǐnjǐn	다만, 겨우, 가까스로
一共	yígòng	합계, 전부, 모두
至少	zhìshǎo	적어도

예제

这句话你＿＿＿说了三遍了。

A. 至少　　　B. 很少　　　C. 很多　　　D. 许多

해설 | 说는 동사이기 때문에 괄호 안에는 부사가 와야 한다. 보기 중에 부사로 쓰이는 단어는 至少이다. 很少와 很多는 "부사+형용사" 형태이며, 许多는 형용사이다.

단어 | 许多(xǔduō) 많은

해석 | 이 말 너 적어도 세 번은 했어.

정답 | A

▶**주의** 只, 就, 仅(仅), 一共, 至少은 부사임에도 명사와 대명사를 수식할 수도 있고, 또한 "숫자+양사+명사" 형태를 이룰 수도 있다.

我们班只他去过中国。 우리 반에서 그만 중국에 가 본 적이 있다.
一共三十五块四。 모두 35.4원입니다.

예제 :　A. 他一个人就是学贸易的　　　B. 他是一个人就学贸易的

　　　　　C. 就他一个人是学贸易的　　　D. 就一个人他是学贸易的

해설 | 부사 중에 제한의 의미를 나타내는 부사는 주어 앞에 와서 어기를 강조할 수 있다. 이 문장에서 就는 "단지"·"~만"의 의미로 주어를 제한해주는 역할을 하고 있기 때문에 주어 앞에 위치할 수 있다.

단어 | 贸易(màoyì) 무역, 교역

해석 | 그 혼자만 무역을 배웠다.

정답 | C

(6) 부정부사

01 종류

不	bù	~이 아니다
没	méi	~하지 않다
别	bié	~하지마라

_____吵了，老师来了！

A. 不　　　　B. 没　　　　C. 没有　　　　D. 别

해설 | 문장의 의미상 금지를 나타내는 단어가 들어가야 한다. 따라서 别가 와야 한다.
단어 | 吵(chǎo) 떠들다, 소란을 피우다
해석 | 떠들지 마라, 선생님께서 오신다!
정답 | D

02 不와 没의 차이

① 不 + 형용사 / 능원동사 / 동작동사

小李说汉语说得<u>不</u>流利。샤오리의 중국어는 유창하지 않다.
你<u>不</u>应该骗大家。너는 사람들을 속이지 말았어야 했다.
我吃过饭了，<u>不</u>吃了。나 밥 먹었어, 안 먹을래.

② 没 + 동작동사

我<u>没</u>去过中国。나는 중국에 가 본 적이 없다.
昨天我病了，<u>没</u>去学校。어제 나는 병이 나서, 학교에 가지 않았다.

예제 : 那条裙子漂亮，这条_____漂亮。

A. 没　　　B. 别　　　C. 不　　　D. 没有

해설 | 漂亮은 형용사이기 때문에 그에 대한 부정은 不로 한다.
해석 | 저 치마는 예쁘고, 이 치마는 예쁘지 않다.
정답 | C

▶ 주의 1　① 不 + 동작동사 : 미래 동작에 대한 부정이나 자주 발생하는 동작에 대한 부정

我<u>不</u>吃早饭。(자주 발생하는 일에 대한 부정) 나는 아침을 먹지 않는다.
明天是星期天，<u>不</u>上课。(미래 일에 대한 부정) 내일은 일요일이라서, 수업을 하지 않는다.

② 没 + 동작동사: 과거 발생한 동작에 대한 부정

今天我<u>没</u>吃早饭。(과거 일에 대한 부정) 오늘 나는 아침을 먹지 않았다.
小金<u>没</u>学过汉语。(과거 일에 대한 부정) 샤오진은 중국어를 배워 본 적이 없다.

예제 : 昨夜他_____睡着觉。

A. 不　　　B. 没　　C. 别　　　D. 不用

해설 | 이 문장은 昨夜가 있어 과거형 문장임을 알 수 있다. 따라서 没가 와야 한다.
해석 | 어제 밤 나는 잠을 자지 못했다.
정답 | B

► **주의 2** 능원동사 能을 제외한 다른 능원동사는 모두 不를 사용해 부정한다.

今天晚上我<u>不</u>想看电影。 오늘 저녁에 나는 영화를 보고 싶지 않다.

我病了, 今天<u>不能</u>上课了。(미래 일에 대한 부정)

나는 몸이 안 좋아 오늘 수업을 할 수 없다.

昨天我病了, <u>没能</u>上课。 (과거 일에 대한 부정)

어제 나는 병이 나서 수업을 할 수 없었다.

예제 : 你走吧, 她______想见你。

A. 不　　 B. 没　　 C. 没有　　 D. 别

해설 | 능원동사의 부정은 不로 한다. 이 문장에서 想은 능원동사이기 때문에 그에
대한 부정은 "不想~"이 된다.

해석 | 너 가라, 그녀는 너를 보고 싶어 하지 않아.

정답 | A

1. A. 我今天才知道这个消息　　B. 我今天知道这个消息才
   C. 才我今天知道这个消息　　D. 我今天知道才这个消息

2. A. 你想邀请到底谁　　B. 你到底想邀请谁
   C. 你想到底邀请谁　　D. 到底想谁邀请你

3. A. 他三天已经没上课了　　B. 他已经三天没上课了
   C. 他已经没上三天课了　　D. 他已经没上课三天了

4. A. 我昨天也跟他说了这件事　　B. 我也昨天跟他说了这件事
   C. 昨天我跟他说了也这件事　　D. 昨天也我跟他说了这件事

5. 老人们喜欢在公园下棋, 聊天儿, 孩子们＿＿＿＿最爱到公园去玩儿。
   A. 还　　　B. 再　　　C. 又　　　D. 也

6. 你＿＿＿＿不能酒后开车, 太危险了。
   A. 究竟　　　B. 万一　　　C. 千万　　　D. 终于

7. 我＿＿＿＿到一会儿, 你就来了。
   A. 刚　　　B. 刚才　　　C. 正　　　D. 正好

8. 我保证以后不＿＿＿＿抽烟了。
   A. 再　　　B. 还　　　C. 更　　　D. 又

9. 这风真讨厌, ＿＿＿＿刮了好几天了。
   A. 常常　　　B. 已经　　　C. 总是　　　D. 从来

10. 老赵是退休以后＿＿＿＿开始学英语的。
    A. 才　　　B. 曾经　　　C. 就　　　D. 再

11 早晨，小英很早 ______起床了。

  A. 刚   B. 要   C. 才   D. 就

12 我 ______想看那个片子了。

  A. 没有   B. 还   C. 不   D. 又不

13 这件事我真不知道怎么办 ______好。

  A. 就   B. 才   C. 还   D. 很

14 报名表很简单，不一会儿大家 ______填完了。

  A. 就   B. 刚   C. 才   D. 要

15 李老师有事儿出去了，你下午 ______来找她吧。

  A. 又   B. 还   C. 再   D. 才

16 我买了这么多，______便宜点儿行不行？

  A. 再   B. 更   C. 还   D. 多

17 颐和园的风景太美了！下星期我 ______想去。

  A. 将   B. 还   C. 又   D. 再

18 来中国以前，她______没吃过中国菜。

  A. 从来   B. 曾经   C. 永远   D. 最近

19 那位营业员对我们 ______ 热情的。

  A. 太   B. 真   C. 挺   D. 可

정답과 해설

1 A	2 B	3 B	4 A	5 D	6 C
7 A	8 A	9 B	10 A	11 D	12 C
13 B	14 A	15 C	16 A	17 B	18 A
19 C					

1
해석 | 나는 오늘에서야 이 소식을 알았다.
해설 | 시간명사와 부사가 동시에 나올 경우 어순은 "시간명사+부사+동사" 순이 된다. 이곳에서 시간명사는 今天이고, 부사는 才이다. 따라서 정확한 어순은 "今天才~"순으로 와야 한다.

2
해석 | 너는 도대체 누구를 초청하려고 하느냐?
단어 | 邀请(yāoqǐng) : 초청하다
해설 | 부사와 능원동사가 동시에 나올 경우 "부사+능원동사+동사" 순이 된다. 이곳에서 부사는 到底이고, 능원동사는 想이다. 따라서 정확한 어순은 "到底想~"순으로 와야 한다.

3
해석 | 그는 삼 일 동안 수업을 하지 않았다.
해설 | 已经은 부사이지만 수량사를 수식할 수 있다. 따라서 이곳에서는 "已经三天~了" 형태가 되어야 한다.

4
해석 | 나도 어제 그에게 이 일을 말했다.
해설 | 우선 시간명사 昨天은 주어 我 뒤에 와야 하고, "跟他"는 전치사구이기 때문에 부사 也는 전치사구 앞에 위치해야 한다.

5
해석 | 노인들은 공원에서 장기나 바둑 두고 한담을 나누는 것을 좋아하고, 아이들은 공원에 가서 노는 것을 가장 좋아한다.
단어 | 下棋(xiàqí) : 장기나 바둑을 두다
해설 | 노인들은 좋아하고 아이들도 좋아한다는 의미이므로 也가 와야 한다.

6
해석 | 너 제발 술 마신 뒤에 운전해서는 안 된다, 정말 위험해.
단어 | 危险(wēixiǎn) : 위험하다
해설 | 의미상 절대 술을 마셔서는 안 된다는 것을 강조하고 있으므로 千万이 와야 한다. 究竟은 "도대체", 万一은 "만일", 终于는 "마침내"라는 의미로 정답으로 부적절하다.

7
해석 | 내가 막 도착하자 그가 바로 왔다.
해설 | 문장의 의미상 "막"이라는 의미가 와야 한다. 보기 중에 "막"이라는 의미를 가지고 있는 단어는 刚이다. 刚才는 "방금"이라는 의미의 명사로 의미상 통하나 뒤의 시간사 一会儿과는 같이 사용하지 않기 때문에 정답이 될 수 없다. 正好는 "마침"·"때마침"이라는 의미이다.

8
해석 | 나는 이후에 다시는 담배를 피우지 않을 것을 보증한다.
단어 | 保证(bǎozhèng) : 보증하다
해설 | 의미상 담배를 다시 피우지 않겠다고 했으므로 再가 와야 한다. 再는 미래의 일을 나타낸다.

9
해석 | 이 바람 정말 싫다, 벌써 며칠째 불고 있어.
단어 | 讨厌(tǎoyàn) : 싫어하다, 밉살스럽다
해설 | 문장 제일 뒤의 了와 함께 쓰이는 단어는 已经뿐이다. 总是는 "늘"·"항상", 从来는 "여태까지"라는 의미로 문장의 의미와 맞지 않다.

10
해석 | 라오쟈오는 퇴직한 뒤 영어를 배우기 시작했다.
단어 | 退休(tuìxiū) : 퇴직하다
해설 | 퇴직 이후에 영어를 배운다는 것은 상식적으로 봤을 때 늦게 배우는 것이므로 才를 사용한다.

11
해석 | 새벽에 샤오잉은 일찌감치 일어났다.
단어 | 早晨(zǎochén) : 이른 아침, 새벽
해설 | 앞에 부가 있기 때문에 이르거나 빠른 일이 된다. 이르거나 빠른 일에는 就를 사용한다. 또 "早就~了"는 "일찌감치~했다"라는 고정격식으로 쓰인다.

12 해석 | 나 그 영화 보고 싶지 않아.

　　단어 | 片子(piānzi) : 영화, 음반

　　해설 | 문장의 의미상 "그 영화를 보지 않겠다."
　　　　는 의미를 함축하고 있어 자신의 바램내
　　　　지 의지를 나타내고 있다. 이것은 미래의
　　　　일에 해당하므로 不가 와야 한다. 没는
　　　　과거의 일에 사용한다. 문장 중의 了는
　　　　어기조사이다.

13 해석 | 이 일을 나는 어떻게 해야 좋을지 정말
　　　　모르겠다.

　　해설 | 일이 원만하지 않거나 잘 풀리지 않을 때
　　　　에는 才를 사용한다.

14 해석 | 신청서는 아주 간단해서 조금도 안 돼 사
　　　　람들은 다 기재했다.

　　단어 | 报名表(bàomíngbiǎo) : 신청서
　　　　填(tián) : 메우다, 기재하다

　　해설 | 신청서가 간단해서 사람들이 아주 빨리
　　　　작성했다는 의미이므로 就가 와야 한다.

15 해석 | 이 선생님은 일이 있어서 나가셨어요, 오
　　　　후에 다시 찾으러 오세요.

　　해설 | 이곳에서는 下午가 있어 미래의 일을 나
　　　　타내므로 再를 사용한다.

16 해석 | 제가 이렇게 많이 샀으니, 좀 더 싸게 해
　　　　줄 수 있나요?

　　해설 | 의미상 "더"·"다시"라는 뜻이 들어가야
　　　　하므로 再가 와야 한다. 更에도 "더"라
　　　　는 의미가 있지만 주로 비교문에서 사용
　　　　된다.

17 해석 | 이화원의 경치는 너무 아름다워! 다음 주
　　　　에 나는 다시 갈 생각이야.

　　단어 | 颐和园(Yíhéyuán) : 이화원(베이징의 명
　　　　승고적 중 하나)

　　해설 | 이 문장은 의미상 같은 동작의 반복을 나
　　　　타내므로 还를 사용한다.

18 해석 | 중국에 오기 전에 그녀는 일찍이 중국음
　　　　식을 먹어 본 적이 없어.

　　해설 | 중국에 오기 전까지는 줄곧 먹어본 적이
　　　　없으므로 从来가 와야 하는데, 从来는
　　　　보통 "从来+没+동사+过"형태로 많이
　　　　사용된다. 曾经 역시 과거를 나타내나
　　　　"曾经+동사+过" 형대로 많이 쓰인디.

19 해석 | 그 종업원들은 우리에게 아주 친절하였다.

　　단어 | 营业员(yíngyèyuán) : 종업원, 영업원

　　해설 | 문장 제일 뒤에 的와 호응하는 단어는 挺
　　　　이다. 太와 可는 了와 호응하며, 真은 啊
　　　　와 호응한다.

전치사

전치사는 주로 명사·대명사 및 명사성구로 구성된 전치사구와 함께 대상·시간·장소·방식 등의 방면에서 동사·형용사 혹은 전체문장을 수식을 하는 역할을 한다.

1 │ 전치사의 위치

(1) 주어＋전치사＋명사＋동사/형용사(＋목적어)

他在学校食堂吃饭。 그는 학교 식당에서 밥을 먹는다.
她朝那个方向走了。 그녀는 저 방향으로 갔다.

> 예제 ┃ A. 这种情景让我非常感动　　　B. 我这种情景让非常感动
> 　　　 C. 这种情景我让非常感动　　　D. 我非常感动让这种情景
>
> 해설 ┃ 문중의 让은 전치사이기 때문에 명사와 결합하여 전치사구를 형성하게 된다. 따라서 让 뒤에는 반드시 명사성분이 와야 한다. 이 문장에서 让 뒤에 오는 명사는 我가 된다.
> 단어 ┃ 情景(qíngjǐng) 광경, 정경, 장면　 感动(gǎndòng) 감동하다
> 해석 ┃ 이 모습은 나를 대단히 감동시켰다.
> 정답 ┃ A

(2) 주어＋부사＋전치사＋명사＋동사/형용사(＋목적어)

我已经把这件事告诉他了。 나는 이미 이 일을 그에게 알려 주었다.
我常常给朋友打电话。 나는 자주 친구에게 전화한다.

> 예제 ┃ A. 他们俩为总是一些小事争吵　B. 他们俩为一些小事总是争吵
> 　　　 C. 他们俩总是为一些小事争吵　D. 他们俩总是争吵为一些小事
>
> 해설 ┃ 이 문장에서 우선 总是는 부사이기 때문에 주어 다음 전치사 为 앞에 위치한다. 为는 전치사이기 때문에 뒤에는 "명사+동사" 형태가 와야 한다. 이 문장에서 명사는 一些小事이고, 동사는 争吵이다.
> 단어 ┃ 总是(zǒngshì) 늘, 항상　 为(wèi) ~을 위하여, ~때문에　 争吵(zhēngchǎo) 말다툼하다
> 해석 ┃ 그들 둘은 늘 작은 일로 말다툼한다.
> 정답 ┃ C

(3) 주어＋능원동사＋전치사＋명사＋동사(＋기타성분)

大家可以<u>在</u>这儿看电视。 여러분들은 여기서 TV를 볼 수 있습니다.

我们应该<u>向</u>张同学学习。 우리들은 마땅히 장 학우에게 배워야 한다.

> 예제 ｜ A. 我会比你们早到一会儿 　　 B. 我会早到一会儿比你们
> 　　　 C. 我会早一会儿比你们到 　　 D. 我会早比你们到一会儿
>
> 해설 ｜ 이 문장에서 比는 전치사이기 때문에 능원동사 숲는 比 앞에 와야 한다. 또 비교문에서 일
> 음절 형용사는 술어동사 앞에 위치한다. 따라서 단음절 형용사 루는 술어동사 到 앞에 놓
> 여야 한다.
>
> 해석 ｜ 나는 너희들보다 조금 일찍 도착할 것이다.
>
> 정답 ｜ A

(4) 동사＋在 / 于 / 到 / 自 / 给＋명사(대명사)

我住<u>在</u>首尔。 나는 서울에 살고 있다.

这本小说出<u>自</u>一名高中生之手。 이 소설은 한 고등학생에 의해서 지어졌다.

> 예제1 ｜ A. 汽车一下子在路边停 　　 B. 一下子汽车停在路边
> 　　　 C. 汽车停在路边一下子 　　 D. 汽车一下子停在路边
>
> 해설 ｜ 우선 一下子는 부사이기 때문에 동사 停 앞에 와야 한다. 또 "길가에 멈췄다"라고 했으
> 므로 동사 뒤에는 "在"가 와야 한다.
>
> 단어 ｜ 一下子(yíxiàzi) 단번에 　 停(tíng) 서다, 멈추다
>
> 해석 ｜ 자동차가 단번에 길가에 멈춰 섰다.
>
> 정답 ｜ D
>
> 예제2 ｜ 热烈欢迎来______世界各国的朋友。
> 　　　 A. 从 　　 B. 到 　　 C. 自 　　 D. 于
>
> 해설 ｜ 来自는 "～에서 오다"라는 의미이다. 从은 동사 뒤에 올 수 없다.
>
> 단어 ｜ 热烈(rèliè) 열렬하게 　 世界(shìjiè) 세계
>
> 해석 ｜ 세계 각국에서 온 친구들을 열렬히 환영합니다.
>
> 정답 ｜ C

2 ｜ 전치사의 종류

(1) 장소를 나타내는 전치사

在	zài	~에서
从	cóng	~부터

自	zì	~에서(부터)
打	dǎ	~로부터(구어체에 사용)
由	yóu	~에서
离	lí	~에서(공간적인 거리)
朝	cháo	~로 향하여, ~에게(+동작을 나타내는 동사)
向	xiàng	~를 따라, ~에게(+추상동사)
往	wǎng	~로, ~으로(+장소)

1_ 每天有无数车辆______这座大桥上经过。

A. 从　　　　B. 于　　　　C. 在　　　　D. 沿

해설 | 문장의 의미상 "~으로"라는 단어가 와야 한다. 따라서 从이 와야 한다. 于는 뒤에 보통 시간을 나타내는 말이 온다. 沿은 "~를 따라"라는 의미이다.

단어 | 无数(wúshù) 무수한　车辆(chēliàng) 차량　大桥(dàqiáo) 대교　经过(jīngguò) 지나가다

해석 | 매일 무수한 차량들이 이 대교를 지나간다.

정답 | A

2_ 请问, 从这儿______日本打电话一分钟要多少钱?

A. 往　　　　B. 向　　　　C. 朝　　　　D. 对

해설 | 의미상 방향을 나타내는 전치사가 와야 한다. 보기 중에서 방향을 나타내는 전치사로는 往·向·朝가 있다. 이중 向과 朝는 뒤에 사람이 오며, 往은 뒤에 장소가 온다. 이 문장에서 日本은 장소를 나타내기 때문에 정답은 往이 되어야 한다.

해석 | 실례합니다만 이곳에서 일본으로 전화 거는데 1분에 얼마입니까?

정답 | A

3_ 耽误了你的时间, 我代表公司______您道歉。

A. 向　　　　B. 朝　　　　C. 对　　　　D. 和

해설 | 뒤에 나오는 道歉은 추상동사이기 때문에 向을 사용한다. 朝는 구체적인 동작을 나타내는 경우에 사용한다. 예를 들면, 我朝他点点头。(나는 그를 향해 머리를 끄덕였다.)에서 "고개를 끄덕"인 것은 구체적인 동작을 나타낸다.

단어 | 耽误(dānwu) 지체하다, 그르치다　代表(dàibiǎo) 대표하다　道歉(dàoqiàn) 사과하다, 사죄하다

해석 | 당신의 시간을 지체했습니다, 저는 회사를 대표해서 당신에게 사과합니다.

정답 | A

(2) 시간을 나타내는 전치사

在	zài	~에서
于	yú	~에, ~에서
当	dāng	~할 때("…时/的时候" 형태로 사용)
从	cóng	~로부터
自	zì	~로 부터
打	dǎ	~로 부터
由	yóu	~에서, ~이(가) ~한다.
自从	zìcóng	~한 이래로(시간에만 사용)
离	lí	~에서(시간적인 거리)

예제

1_ ______采用新技术以来，生产效率大大提高了。

    A. 当   B. 在   C. 自   D. 到

해설 | "自~以来"는 "~한 이래로"라는 의미이다. 当은 주로 "当~时" 혹은 "当~的时候" 형태로 사용된다.

단어 | 采用(cǎiyòng) 채용하다 技术(jìshù) 기술 生产(shēngchǎn) 생산 效率(xiàolù) 효율, 능률 提高(tígāo) 향상되다

해석 | 신기술을 채용한 후로 생산 효율이 크게 향상됐다.

정답 | C

2_ ______吃饭时间还早，咱们先去打会儿球。

    A. 当   B. 在   C. 从   D. 离

해설 | 의미상 시간상의 거리를 나타내므로 离를 사용한다. 当은 주로 "当~时" 혹은 "当~的时候" 형태로 사용된다.

해석 | 밥 먹는 시간이 아직 이르니, 우리 먼저 공을 잠시 차자.

정답 | D

(3) 대상을 나타내는 전치사

对	duì	~에게, ~에 대해
对于	duìyú	~에 대하여(대상)
关于	guānyú	~에 관해서(범위)
和	hé	~와, ~과
跟	gēn	~와, ~에게
与	yǔ	~와, ~와 함께
把	bǎ	~을(를)
被	bèi	~에게…을 당하다(피동)

叫	jiào	~에게…을 당하다(피동), ~로 하여금…하게 하다(사역)
让	ràng	~에게…을 당하다(피동), ~로 하여금…하게 하다(사역)
使	shǐ	~로 하여금…하게 하다(사역)
令	lìng	~로 하여금…하게 하다(사역)
给	gěi	~에게, ~에게…을 당하다(피동)
替	tì	~를 대신해서

예제

1_ 我每天＿＿＿一位中国老师学习汉语。

A. 从　　　B. 在　　　C. 与　　　D. 跟

해설 | 의미상 "~와"라는 의미가 들어가야 한다. 보기 중에 "~와"라는 의미를 가지고 있는 단어는 跟과 与이다. 그러나 跟은 구어체에서, 与는 주로 서면어에 많이 보인다.

해석 | 나는 매일 중국 선생님과 중국어를 공부한다.

정답 | D

2_ A. 我买了关于中国文化很多的书　　B. 我买了很多关于中国文化的书

C. 我买了很多的书关于中国文化　　D. 我买了很多关于文化中国的书

해설 | 우선 이 문장에서 목적어는 书이기 때문에 문장 제일 끝에 와야 한다. 또 书는 중국문화에 관한 书이므로 关于中国文化的书라고 표현해야 한다.

해석 | 나는 중국 문화에 관한 많은 책을 샀다.

정답 | B

3_ 环境保护＿＿＿经济发展具有重要意义。

A. 对于　　　B. 针对　　　C. 关于　　　D. 有关

해설 | 문장에서 말한 经济发展은 대상을 말한다, 关于는 범위를 말하기 때문에 이곳에서는 부적절하다. 针对(zhēnduì)는 "겨냥하다"·"조준하다", 有关은 "관계가 있다"라는 의미이다.

단어 | 环境保护(huánjìngbǎohù) 환경보호　经济(jīngjì) 경제　具有(jùyǒu) 가지다, 구비하다 意义(yìyì) 의의

해석 | 환경보호는 경제발전에 중요한 의의가 있다.

정답 | A

(4) 원인과 목적을 나타내는 전치사

为	wèi	~를 위해서, ~에게…를 당하다
为了	wèile	~하기 위해서
由于	yóuyú	~로 말미암아, ~때문에
除了	chúle	~외에, ~을 제외하고

1_ 别______我担心，我会自己照顾好自己的。

    A. 对　　　　B. 为　　　　C. 为了　　　　D. 向

해설 | 为가 나오는 문장의 어순은 보통 "为+명사+동사" 형태이고, 为了가 나오는 문장의 어순은 보통 "为了+동사, 주어+동사" 형태가 된다. 이곳에서 我는 명사이기 때문에 为가 와야 한다. 对는 대상을, 向은 방향을 나타낸다.

단어 | 担心(dānxīn) 걱정하다　照顾(zhàogù) 돌보다, 배려하다, 고려하다

해석 | 날 위해 걱정하지 마라, 나는 스스로 자신을 돌볼 수 있으니까.

정답 | B

2_ ______下雨，足球比赛延期举行。

    A. 为了　　　　B. 对于　　　　C. 除了　　　　D. 由于

해설 | 이 문장은 앞 절이 원인을 나타내고 뒤 절이 결과를 나타낸다. 따라서 由于가 와야 한다.

단어 | 延期(yánqí) 연기되다　举行(jǔxíng) 거행하다

해석 | 비가 왔기 때문에 축구경기가 연기되었다.

정답 | D

(5) 근거를 나타내는 전치사

按	àn	~에 따라, ~대로
按照	ànzhào	~에 따라, ~에 비추어
依	yī	~에 의해서, ~대로
据	jù	~에 따르면, ~에 의거하여
依照	yīzhào	~에 의하여, ~에 비추어
根据	gēnjù	~에 근거하면
以	yǐ	~로써, ~함으로써
凭	píng	~을 근거로, ~에 따라, ~으로

1_ 参加英语演讲比赛的______青年学生为主。

    A. 由　　　　B. 以　　　　C. 按　　　　D. 对

해설 | 이 문장은 뒤에 为가 있어 "以A为B"(A로써 B를 삼다) 구문임을 알 수 있다. 따라서 괄호 안에는 以가 들어가야 한다.

단어 | 演讲(yǎnjiǎng) 강연(하다), 연설(하다)

해석 | 영어 강연 대회에 참가한 사람들은 젊은 학생들 위주였다.

정답 | B

2_ 今天的电影 ______ 学生证可以免费。

A. 靠　　　　B. 用　　　　C. 按　　　　D. 凭

해설 | 凭(píng)은 "~을 증거(증명)로"·"~을 근거로"라는 의미이다. 이곳에서 学生证은 영화를 보는데 하나의 증명이 되므로 凭이 와야 한다. 靠(kào)는 "기대다"·"의지하다", 按은 "~에 따라"·"~대로"라는 의미이다.

단어 | 免费(miǎnfèi) 무료의, 공짜의

해석 | 오늘 영화는 학생증이 있으면 무료이다.

정답 | D

(6) 경과를 나타내는 전치사

经过	jīngguò	~을 경과해서, ~을 거쳐
通过	tōngguò	~을 통해서
顺着	shùnzhe	~를 따라서(+구체적 노선)
沿着	yánzhe	~를 따라서(+구체적 노선)

예제

你们可以 ______ 这条河走, 二十分钟就到了。

A. 顺着　　　B. 跟着　　　C. 按照　　　D. 通过

해설 | 这条河는 구체적 노선을 나타내므로 顺着가 와야 한다. 通过는 어떤 곳이나 지역을 "통과하다"라는 의미가 강하다.

해석 | 당신들은 이 강을 따라 20분간 가면 도착할 것입니다.

정답 | A

1 A. 这句话我们使非常吃惊
C. 我们这句话使非常吃惊
B. 我们非常吃惊使这句话
D. 这句话使我们非常吃惊

2 A. 这里的情况对我很熟悉
C. 我对这里的情况很熟悉
B. 这里的情况很熟悉对我
D. 我很熟悉对这里的情况

3 A. 小女孩儿差点儿被出租车撞倒了
B. 差点儿撞倒了小女孩儿被出租车
C. 小女孩儿撞倒了被出租车差点儿
D. 出租车撞倒了小女孩儿被差点儿

4 A. 能不能你给我介绍一下儿这位朋友
B. 你给我介绍一下儿这位朋友能不能
C. 你能不能介绍一下儿这位朋友给我
D. 你能不能给我介绍一下儿这位朋友

5 A. 他的表现真失望让人
C. 他的表现真让人失望
B. 真让人失望他的表现
D. 他表现真让人失望的

6 A. 这个故事我们使很感动
C. 我们使这个故事很感动
B. 这个故事使我们很感动
D. 我们很感动使这个故事

7 A. 叫小王那本词典借走了
C. 小王叫借走了那本词典
B. 小王叫那本词典借走了
D. 那本词典叫小王借走了

8 A. 关于这件事我不想多谈
C. 我不想多谈关于这件事
B. 我不想关于这件事多谈
D. 关于这件事我不想谈多

9 请代我______你爸爸妈妈问好。
A. 对　　　　　B. 把　　　　　C. 被　　　　　D. 向

10 看电视＿＿＿＿提高听力很有好处。

    A. 关于　　　　　B. 对于　　　　　C. 为了　　　　　D. 随着

11 这次比赛我们队得了冠军，同学们都＿＿＿＿我们表示祝贺。

    A. 朝　　　　　　B. 对　　　　　　C. 往　　　　　　D. 向

12 王老师病了，今天白老师＿＿＿＿她上课。

    A. 为　　　　　　B. 给　　　　　　C. 帮　　　　　　D. 替

13 我想，他绝不会是个＿＿＿＿困难低头的人。

    A. 对　　　　　　B. 向　　　　　　C. 朝　　　　　　D. 给

14 邮局＿＿＿＿这儿不太远，往前走，大概走五分钟就到了。

    A. 离　　　　　　B. 对　　　　　　C. 打　　　　　　D. 从

15 一只小鸟＿＿＿＿窗口飞进来。

    A. 到　　　　　　B. 在　　　　　　C. 往　　　　　　D. 从

16 明天晚上我＿＿＿＿你打电话。

    A. 跟　　　　　　B. 和　　　　　　C. 在　　　　　　D. 给

17 别着急，＿＿＿＿开学还有十多天呢！

    A. 离　　　　　　B. 从　　　　　　C. 等　　　　　　D. 去

18 请您＿＿＿＿那个门进去。

    A. 从　　　　　　B. 在　　　　　　C. 过　　　　　　D. 以

19 张教授1989年毕业＿＿＿＿北京大学历史系。

    A. 于　　　　　　B. 自　　　　　　C. 从　　　　　　D. 在

20 他们的矛盾是＿＿＿＿一个小小的误会引起的。

    A. 从　　　　　　B. 由　　　　　　C. 被　　　　　　D. 让

21 他的好成绩是______自己的努力取得的。

    A. 照   B. 按   C. 靠   D. 由

22 吃饭后散散步______身体有好处。

    A. 为   B. 使   C. 对   D. 跟

23 ______北京的交通，市政府最近作出了几点规定。

    A. 对于   B. 由于   C. 关于   D. 在于

정답과 해설

1 D	2 C	3 A	4 D	5 C	6 B
7 D	8 A	9 D	10 B	11 D	12 D
13 B	14 A	15 D	16 D	17 A	18 A
19 A	20 B	21 C	22 C	23 A	

1
해석 | 이 말은 우리들로 하여금 깜짝 놀라게 하였다.
단어 | 使(shǐ) : ~로 하여금 …하게 하다
吃惊(chijing) : 깜짝 놀라다
해설 | 문중의 使는 사역의 의미를 나타내는 전치사이다. 따라서 뒤에 "명사(+부사)+동사" 형태가 와야 한다. 使 뒤의 명사는 我们이고 동사는 吃惊이다. 전치사 뒤에는 부사나 동사가 올 수 없음을 명심하자.

2
해석 | 나는 이곳의 상황에 대해 잘 알고 있다.
해설 | 문중의 对는 전치사이다. 따라서 뒤에 "명사(+부사)+동사" 형태가 와야 한다. 对 뒤의 명사는 这里的情况이고, 동사는 熟悉이다. 전치사 뒤에는 부사나 동사가 올 수 없음을 명심하자.

3
해석 | 어린 여자아이가 하마터면 택시에 부딪쳐 넘어질 뻔 했다.
단어 | 差点儿(chàdiǎnr) : 하마터면, 자칫하면
撞倒(zhuàngdǎo) : 부딪쳐 넘어지다
해설 | 문중의 被는 피동의 의미를 나타내는 전치사이다. 따라서 뒤에 "명사(+부사)+동사" 형태가 와야 한다. 뒤의 명사는 出租车이고, 동사는 撞이다. 差点儿은 부사로써 전치사 被 앞에 온다.

4
해석 | 저에게 이 친구를 소개해 주실 수 있습니까?
해설 | 문중의 给는 전치사이다. 따라서 뒤에 "명사(+부사)+동사" 형태가 와야 한다. 给 뒤의 명사는 我이고, 동사는 介绍이다. 能은 능원동사로 전치사 给 앞에 온다.

5
해석 | 그의 행동은 정말 사람을 실망시킨다.
단어 | 表现(biǎoxiàn) : 행동, 태도, 언동
失望(shīwàng) : 실망하다
해설 | 문중의 让은 사역의 의미를 나타내는 전치사이다. 따라서 뒤에 "명사(+부사)+동사" 형태가 와야 한다. 让 뒤의 명사는 人이고, 동사는 失望이다. 真은 부사로써 让 앞에 온다.

6
해석 | 우리들은 이야기에 크게 감동을 받았다.
단어 | 感动(gǎndòng) : 감동하다
해설 | 문중의 使는 사역의 의미를 나타내는 전치사이다. 따라서 뒤에 "명사(+부사)+동사" 형태가 와야 한다. 使 뒤의 명사는 我们이고 동사는 感动이다.

7
해석 | 샤오왕이 그 사전을 빌려갔다.
해설 | 문중의 叫는 피동의 의미를 나타내는 전치사이다. 따라서 뒤에 "명사(+부사)+동사" 형태가 와야 한다. 叫 뒤의 명사는 小王이고, 동사는 借이다.

8
해석 | 이 일에 관해 나는 이야기를 많이 하고 싶지 않다.
해설 | "关于+명사" 구조가 부사어가 될때에는 주어 앞에 온다. 이곳에서 주어는 我이므로 "关于这件事"는 문장 맨 앞으로 온다. "많이 말하다"는 "多谈"으로 표현한다.

9
해석 | 저를 대신해서 당신 아빠 엄마께 안부 전해 주세요.
단어 | 代(dài) : 대신하다
问好(wènhǎo) : 안부를 묻다
해설 | 문장의 의미상 방향을 나타내는 전치사가 들어가야 한다. 따라서 向이 들어가야 한다.

10
해석 | TV를 보는 것은 듣기 능력을 향상시키는데 도움이 된다.
해설 | 괄호 뒤의 "提高听力"는 대상을 나타내므로 对于가 들어가야 한다. 关于는 범위나 내용을 나타낼 때 사용한다. 为了는 "~을 위하여"라는 의미로 목적을 나타내며, 随着는 "~함에 따라"라는 의미이다.

11 **해석 |** 이번 시합에서 우리 팀은 우승을 했다, 학우들은 우리에게 축하를 전했다.
단어 | 得(dé) : 얻다
冠军(guànjūn) : 우승
表示(biǎoshì) : 표시하다, 나타내다
祝贺(zhùhè) : 축하하다
해설 | 문장의 의미상 방향을 나타내는 전치사가 들어가야 한다. 따라서 向이 들어가야 한다.

12 **해석 |** 왕 선생님께서 몸이 안 좋으셔서 오늘은 바이 선생님께서 그녀를 대신해서 수업을 하신다.
해설 | 문장의 의미상 "대신하다"라는 의미가 와야 한다. 따라서 替가 와야 한다.

13 **해석 |** 내가 생각하기에, 그는 절대 어려움에 머리를 숙일 사람이 아니다.
단어 | 绝不(juébù) : 절대로 ~하지 않는다.
困难(kùnnan) : 곤란, 어려움
低头(dītóu) : 머리를 숙이다
해설 | 문장의 의미상 방향을 나타내는 전치사가 들어가야 한다. 따라서 向이 들어가야 한다.

14 **해석 |** 우체국은 이곳에서 그리 멀지 않습니다, 앞으로 대략 5분 정도 걸어가시면 도착할 것입니다.
해설 | 문장의 의미상 거리를 나타내기 때문에 离가 와야 한다. 打는 전치사로 쓰일 경우 从과 같은 의미가 된다.

15 **해석 |** 작은 새 한 마리가 창문으로 날아들어 왔다.
단어 | 小鸟(xiǎoniǎo) : 새
해설 | 문장의 의미상 "~으로"라는 단어가 와야 한다. 따라서 从이 와야 한다. 往 역시 "~으로"라는 의미이지만 往은 주로 어떤 한 방향으로의 이동을 나타낼 때 사용한다.

16 **해석 |** 내일 저녁에 내가 너에게 전화해 줄게.
해설 | "~에게 전화하다"는 "给~打电话"라고 한다. 给가 동사로 사용되면 "주다"라는 의미를 갖게 된다.

17 **해석 |** 조급해 하지 마, 개학하려면 아직 십 여일이나 남아 있어!
단어 | 开学(kāixué) : 개학하다
해설 | 문장의 의미상 시간적인 거리를 나타내

기 때문에 离가 와야 한다. 等은 "기다리다"는 의미의 동사이다.

18 **해석 |** 당신은 저 문으로 들어가세요.
해설 | 문장의 의미상 "~으로"라는 단어가 와야 한다. 따라서 从이 와야 한다. "过"는 "지나가다"라는 의미이다.

19 **해석 |** 장 교수님은 1989년에 베이징 대학 역사과를 졸업하셨다.
단어 | 历史系(lìshǐxì) : 역사과
해설 | "毕业于~"는 "~를 졸업하다"라는 의미이다. 自와 从은 "~로부터"·"~에서"라는 의미이다.

20 **해석 |** 그들의 갈등은 아주 사소한 오해에서 비롯되었다.
단어 | 矛盾(máodùn) : 모순, 갈등
误会(wùhuì) : 오해하다
引起(yǐnqǐ) : 야기하다, 초래하다
해설 | "由~引起"는 "~가 초래하다"라는 의미이다. 이때 由는 "~로"·"~가"라는 의미로, 행위의 주체를 나타낸다.

21 **해석 |** 그의 우수한 성적은 자신의 노력으로 얻어진 것이다.
단어 | 取得(qǔdé) : 얻다, 취득하다
해설 | 문장의 의미상 "~로 기대어"·"~에 의지하여"라는 뜻이 들어가야 한다. 따라서 靠가 와야 한다. 照는 "~에 따라면", 按은 "~에 따라"·"~대로"라는 의미이다.

22 **해석 |** 밥 먹은 뒤 산책을 하는 것은 몸에 좋다.
해설 | 문장의 의미상 대상을 나타내는 전치사가 들어가야 한다. 따라서 对가 와야 한다.

23 **해석 |** 베이징의 교통에 대해 시정부는 최근에 몇 가지 규정을 만들었다.
단어 | 交通(jiāotōng) : 교통
市政府(shìzhèngfǔ) : 시정부
点(diǎn) : 가지, 조항
规定(guīdìng) : 규정, 규칙
해설 | 문장의 의미상 대상을 나타내는 전치사가 들어가야 한다. 따라서 对于가 와야 한다. 关于는 범위나 내용을 말하며, 由于는 "~로 말미암아", 在于는 "~에 있다"는 의미이다.

08 접속사와 복문

접속사는 단어·구와 문장을 연결하는 품사를 말한다. 접속사는 문장과 문장을 연결하는 역할을 하며, 단독으로 사용할 수 없으며 문장성분이 될 수 없다.

1 │ 단어와 단어를 연결하는 접속사

(1) 和(跟) ~와 (두 개의 명사/대명사를 연결)

我和赵华都是大学生。 나와 쟈오후아는 모두 대학생이다.
小李会说日语和英语。 샤오리는 일본어와 영어를 할 줄 안다.

(2) 而 ~하고 (두 개의 형용사를 연결)

总经理对这个计划进行了认真而具体的研究。
사장님은 이 계획에 대해 진지하고 구체적인 연구를 했다.
她清新而优雅的举止吸引了大家的目光。
그녀의 참신하고 우아한 행동은 사람들의 이목을 끌었다.

(2) 并 아울러, 동시에 (두 개의 동사를 연결)

我完全同意并拥护这个报告。 나는 완전히 이 보고서에 동의하며 지지한다.
会议讨论并通过了今年的工作计划。
회의에서 올해 업무 계획을 토론하고 통과시켰다.

예제

中国是一个古老＿＿＿＿年轻的国家。

A. 和　　　　B. 而　　　　C. 挺　　　　D. 很

해설 | 의미상 형용사인 古老와 年轻을 이어주는 접속사가 들어가야 한다. 和는 명사와 명사를 이어 주는 접속사이며, 又와 却는 부사이기 때문에 위치상 적합하지 않다. 而은 접속사로써 두 개의 형용사를 연결하는데 사용한다.

단어 | 古老(gǔlǎo) 오래된, 진부한

해석 | 중국은 오래되고 젊은 국가이다.

정답 | B

2 | 문장과 문장을 연결하는 접속사

(1) 병렬관계

01 (一)边 A (一)边 B : A하면서 B하다(주어가 같을 수도 다를 수도 있다)

毕业以后，她<u>一边</u>工作，<u>一边</u>学习。 졸업 후 그녀는 일하며 공부한다.
咱们<u>边</u>走<u>边</u>聊吧。 우리 걸으며 이야기하자.

02 既(又) A 又 B : A하기도 하고 B하기도 하다(동일주어)

这个房间<u>又</u>干净<u>又</u>漂亮。 이 방은 깨끗하면서도 예쁘다.
这个小孩子<u>既</u>聪明<u>又</u>可爱。 이 아이는 총명하면서도 귀엽다.

예제

1_ 山上的花______大______多，我们到山上去看看吧。

A. 又…又…　 B. 一边…一边…　 C. 或者…或者…　 D. 一面…一面…

해설 | 한 가지 사물의 성질이 동시에 존재하고 있을 경우에는 "又~又~"를 쓴다. "一面~一面
~"은 "一边~一边~"과 같은 의미로 동시동작을 나타낼 때 사용한다.
해석 | 산의 꽃들은 크고도 많으니까, 우리 산에 보러 가자.
정답 | A

2_ 我______走______对他说："加快!"

A. 既…又…　　 B. 边…边…　　 C. 一…就…　　 D. 越…越…

해설 | 이 문장은 의미상 동시동작을 나타낸다. 따라서 "边~边~"이 와야 한다. "一~就~"는 "~
하자마자 바로 ~하다"는 의미이고, 越~越~는 "~하면 할수록 ~하다"는 의미이다.
단어 | 加快(jiākuài) 속도를 올리다, 빠르게 하다
해석 | 나는 걸으면서 그에게 말했다："속도를 내!"
정답 | B

(2) 계승관계

01 然后 : 연후에, ~한 다음에

妈妈去市场买了一些菜，<u>然后</u>回家了。
엄마는 시장에 가서 채소를 좀 사고 그 다음에 집으로 돌아왔다.

回到家，她先把作业做完，<u>然后</u>就出去了。
집에 돌아와서, 그녀는 먼저 숙제를 다하고 그다음 나갔다.

<u>02</u> 一 A 就 B : A 하자말자 B 하다

他<u>一</u>回家<u>就</u>睡觉了。 그는 집에 돌아오자마자 잤다.
老王<u>一</u>来，我们<u>就</u>出发。 라오왕이 오는 대로 우리는 출발한다.

<u>03</u> 越来越 A : 점점 더 A하다

天气<u>越来越</u>凉快了。 날씨가 점점 선선해진다.
我们的课<u>越来越</u>难了。 우리들의 수업은 점점 어려워진다.

越 A 越 B : A하면 할수록 B하다

房间并不是<u>越</u>大<u>越</u>好。 방은 크다고 해서 좋은 것은 결코 아니다.
他<u>越</u>不告诉我，我<u>越</u>想知道。 그가 나에게 안 알려 주면 줄수록 나는 알고 싶어졌다.

<u>04</u> 非 A 不可 : A하지 않으면 안 된다.

我<u>非</u>跟你们一起去<u>不可</u>。 나는 너희들과 함께 가지 않으면 안 된다.
我今天<u>非</u>把这本书看完<u>不可</u>。 나는 오늘 이 책을 다 보지 않으면 안 된다.

예제

1_ 那是很有名的茶，你一定＿＿＿喝＿＿＿爱喝。

    A. 还…还…   B. 更…更…   C. 越…越…   D. 又…又…

해설 | "越~越~"는 "~하면 할수록~하다"라는 의미이다.
해석 | 저것은 아주 유명한 차입니다, 당신은 마시면 마실수록 마시길 좋아하실 겁니다.
정답 | C

2_ 今天我非把这本书看完＿＿＿。

    A. 一下   B. 不可   C. 一点   D. 一会

해설 | "非~不可"는 "~하지 않으면 안 된다"는 의미이다.
해석 | 오늘 나는 이 책을 다 보지 않으면 안 된다.
정답 | B

(3) 점층관계

01 不但(不仅) A, 而且(并且/还/也) B : A할 뿐만 아니라 B 하다

她不但会说汉语, 并且会说英语。
그녀는 중국어를 할 줄 알 뿐만 아니라 영어도 할 수 있다.

天气预报说, 不但今天有雨, 而且明天也有雨。
날씨 예보에서 오늘은 비가 올 뿐만 아니라 내일도 비가 온다고 했다.

02 连 A 都(也) B : A조차도 B 하다

爸爸最近很忙, 连周末都要上班。
아빠는 최근에 아주 바쁘셔서, 주말에조차도 출근하셔야 된다.

他起晚了, 连早饭也没吃就上课去了。
그는 늦게 일어나서, 아침도 먹지 않고 바로 수업하러 갔다.

예제

1_ 他______喜欢听古典音乐, ______爱听流行音乐。

    A. 虽然…但是…　　　　　　　　B. 不但…而且…

    C. 因为…所以…　　　　　　　　D. 如果…那么…

해설 | 문장의 의미상 점층관계를 나타내기 때문에 "不但~而且~"가 와야 한다.
단어 | 古典(gǔdiǎn) 고전　流行(liúxíng) 유행
해석 | 그는 고전음악 듣는 것을 좋아할 뿐만 아니라 유행음악도 듣길 좋아한다.
정답 | B

2_ 那个地方______公共汽车______没有。

    A. 既…又…　　B. 越…越…　　C. 一…就…　　D. 连…都…

해설 | 문장의 의미상 "~조차도…하다"라는 의미가 들어가야 한다. 따라서 "连~都…"가 와야 한다.
해석 | 그곳에는 시내버스조차도 없다.
정답 | D

(4) 선택관계

01 是 A 还是 B? : A인가 아니면 B인가? (의문문에서만 사용)

你是中国人还是韩国人?　그는 중국인인가 아니면 한국인인가?
你去上海留学还是去北京留学?

너는 상하이로 유학 갈거니 아니면 베이징으로 유학 갈거니?

02 或者 A 或者 B : A 하든지 B 하든지 (평서문에서만 사용)

或者你去, 或者他去, 反正我不去。　너가 가든 그가 가든 어쨌든 나는 안 간다.

去中国的日期还没定, 或者这星期, 或者下星期。
중국 가는 날이 아직 정해지지 않았다, 이번 주이든지 다음 주이다.

03 不是 A 就是 B : A를 안하면 B 한다(둘 중에 하나)

这几天天气不好, 不是刮风, 就是下雨。
요 며칠 날씨가 좋지 않아 바람이 안 불면 비가 온다.

这次去中国出差, 不是李小姐, 就是金先生。
이번에 중국으로 출장 가는 사람은 미스 리가 아니면 김 선생이다.

04 不是 A 而是 B : A가 아니라 B다(B를 선택)

我不是故意不告诉你, 而是我真的不知道。
내가 일부러 너에게 안 알려준 것이 아니고 내가 정말 몰라서이다.

他考虑的不是自己, 而是国家和人民的利益。
그가 생각한 것은 자신이 아니라 국가와 국민의 이익이다.

예제

1_ 我们吃中餐______吃西餐都行, 你决定吧。

    A. 还是　　　B. 而且　　　C. 或者　　　D. 也许

해설 | 문장의 의미상 둘 중에 하나를 선택하는 선택관계 문장이다. 보기 중에 선택을 나타
내는 말은 还是와 或者가 있다. 还是는 반드시 의문문에서 사용되어야 선택의 의미를 가
지기 때문에 이곳에서는 정답이 될 수 없다. 반면 或者는 평서문에서 선택의 의미를 나타
내며 의문문에서는 사용하지 않는다. 也许는 부사로써 "아마도~일 것이다"라는 의미이다.

단어 | 中餐(zhōngcān) 중식　西餐(xīcān) 양식

해석 | 우리는 중식이든 양식이든 다 좋아, 네가 결정해.

정답 | C

2_ 老师说, 考试的时间不是下星期一______星期二。

    A. 或者　　　B. 还是　　　C. 就是　　　D. 而是

해설 | 문장에서 "다음주 월요일 아니면 화요일"이라는 것은 둘 중에 하나라는 의미이므로 "不是
~就是~" 형태가 와야 한다. 还是도 "~아니면"이라는 의미가 있으나 의문형에서만 쓰
인다.

해석 | 선생님께서는 시험 시간이 다음주 월요일 아니면 화요일이라고 하셨다.

정답 | C

01 虽然(尽管) A 但是(可是/不过) B : 비록 A하지만 B하다

这件衣服**虽然**很漂亮，<u>**但是**</u>太贵了。 이 옷은 아주 예쁘지만 너무 비싸다.

虽然他也在这个班学习，<u>**可是**</u>我并不认识他。
그도 이 반에서 공부를 했지만 나는 그를 결코 알지 못한다.

02 A 是 A, 可是(但是/不过) B : A는 A하지만 B하다

这件衣服漂亮**是**漂亮，<u>**可是**</u>太贵了。 이 옷은 예쁘기는 예쁘지만 너무 비싸다.

想去**是**想去，<u>**但是**</u>我得先问问家里人。
가고 싶기는 가고 싶지만 먼저 가족들에게 물어봐야 한다.

03 即使(就是/哪怕) A, 也(还是/那么) B : 설사 A일지라도 B하다

即使今天晚上不睡觉，我**也**要把作业写完。
설사 오늘 잠을 자지 않는 한이 있더라도 나는 숙제를 다 해야 한다.

我已经吃饱了，**哪怕**有山珍海味摆在我面前，我**也**吃不下了。
나는 이미 배부르게 먹었어, 설사 산해진미가 내 앞에 놓여 있다 하더라도 나는 먹을 수 없어.

예제

1_ ______条件再好，自己也要努力。

　　A. 哪怕　　　　B. 不管　　　　C. 不怕　　　　D. 无论

해설 | 문장의 의미상 전환관계 문장인데 뒤에 也가 호응하고 있는 것으로 봐서 "설사"라는 의미가 들어가야 한다. 보기에서 也와 호응하며 "설사"라는 의미를 가지는 단어는 哪怕 뿐이다. 不管과 无论은 "~하든지 간에"라는 의미이고, 不怕는 "두렵지 않다"는 의미이다.
해석 | 설사 조건이 다시 좋다 하더라도 스스로 노력해야 한다.
정답 | A

2_ ______ 我女儿很顽皮，______ 我还是很喜欢她。

　　A. 不是…就是…　　　　　　B. 即使…也…
　　C. 与其…不如…　　　　　　D. 虽然…但是…

해설 | 문장에서 '개구쟁이임에도 아주 좋아한다'고 했으므로 전환관계가 된다. 전환을 나타내는 접속사인 "虽然~但是~"가 와야 한다. "即使~也~"도 전환관계를 나타내나 문장의 의미상 맞지 않다.
단어 | 顽皮(wánpí) 장난이 심하다, 개구쟁이다
해석 | 내 딸이 비록 아주 개구쟁이이지만 나는 그래도 그녀를 아주 좋아한다.
정답 | D

01 于是 : 이에, 그래서

我认为她说的很对，<u>于是</u>就照办了。
나는 그녀가 말한 것이 맞는다고 생각해서, 이에 그대로 처리했다.

词典刚买了一个星期就丢了，<u>于是</u>我又买了一本。
사전을 산 지 일주일 만에 잃어버려 나는 또 한 권 샀다.

02 因为 A 所以 B : A이기 때문에 그래서 B하다

<u>因为</u>我最近很忙，<u>所以</u>没有去看你们。
최근에 나는 아주 바쁘기 때문에 너희들을 보러가지 않았다.

<u>因为</u>我喜欢中国，<u>所以</u>学习汉语。
나는 중국을 좋아하기 때문에 중국어를 공부한다.

由于 A 所以(因此, 因而) B : A이기 때문에 그래서 B하다

<u>由于</u>他想去中国留学，<u>所以</u>他打算下学期休学。
그는 중국으로 유학을 가고 싶어 하기 때문에 그는 다음 학기에 휴학 할 계획이다.

<u>由于</u>天气太冷，<u>因此</u>连来往的行人也不多。
날씨가 너무 춥기 때문에 오가는 행인들 조차도 많지 않다.

03 既然 A 那么(就) B : 이왕 A한 이상 B 해라

<u>既然</u>你要去中国，<u>就</u>帮我买几本书吧。　이왕 중국에 가는 거 책 몇 권 사 주라.

这件事<u>既然</u>已经发生了，我们<u>就</u>一起想想该怎么解决吧。
일이 이왕 일어난 이상 우리 함께 어떻게 해결할 것인지를 좀 생각해 보자.

1_ 因为她身体不太好，______丈夫不让她做家务。

    A. 所以　　　　B. 于是　　　　C. 由于　　　　D. 而且

해설 | 이 문장은 인과관계를 나타내므로, "因为~所以~"형태가 와야 한다.
단어 | 家务(jiāwù) 가사, 집안일
해석 | 그녀의 몸이 좋지 않았기 때문에 남편은 그녀로 하여금 집안일을 하지 말도록 했다.
정답 | A

2_ 没有人注意到我，______我偷偷地看了一眼别人的试卷。

    A. 此外　　　　B. 否则　　　　C. 可是　　　　D. 于是

해설 ┃ 문장을 보면 앞부분이 원인이 되어 뒤 부분의 결과를 야기했음을 알 수 있다. 따라서 인과관계를 나타내는 접속사를 찾아야 한다. 이곳에 인과관계를 나타내는 단어는 于是(그래서)가 된다. 此外는 "이외에", 否则는 "그렇지 않으면"으로 가정관계를 나타내고, 可是는 "그러나"로 전환관계를 나타낸다.

단어 ┃ 注意(zhùyì) 주의하다 偷偷(tōutōu) 살짝, 살그머니 一眼(yìyǎn) 한눈, 첫눈
试卷(shìjuàn) 시험답안

해석 ┃ 아무도 나를 주의하지 않았기에 나는 몰래 다른 사람의 답안지를 힐긋 보았다.

정답 ┃ D

3_ _____你已经开始做了, 那_____应该坚持下去。

A. 只要…就…   B. 因为…所以   C. 不论…都…   D. 既然…就…

해설 ┃ 문장의 의미상 인과관계 형식이 와야 한다. 보기 중에 인과관계를 표시하는 것은 "因为~所以~"와 "既然~就~"이다. 그러나 앞뒤 문맥으로 볼 때 "既然~就~"이 와야 한다. 只要~就~는 "~하기만 하면 ~하다"는 의미이고, "不论~都~"는 "~하든지 간에 ~하다"는 의미이다.

단어 ┃ 坚持(jiānchí) 견지하다, 끝까지 버티다

해석 ┃ 너 이왕 시작한 거 반드시 끝까지 해 나가야 한다.

정답 ┃ D

(7) 조건관계

01 只要 A, 就 B : A하기만 하면 B 한다(A는 여러 가지 조건 중 하나).

只要我有钱, 就去中国旅行。 돈만 있으면 중국 여행 갈 것이다.
只要她喜欢, 她就买, 从来不考虑价钱。
그녀는 좋아하기만 하면 사는데, 줄곧 가격을 고려치 않는다.

02 只有 A, 才 B : A해야만 B 하다(A는 유일한 조건).

只有你去, 他才去。 네가 가야 그도 간다.
只有认真学习, 你才能学好。 열심히 공부해야 너는 비로소 잘 배울 수 있다.

03 不论(不管/无论) A, 都(也) B : A를 막론하고 모두 B 한다.

无论谁来, 都说我不在。 누가 오든지 간에 내가 없다고 말해라
不论你明天来不来, 都给我打个电话。
네가 내일 오든지 안 오든지 간에 나에게 전화를 해라

04 除了 A (以外), B 还(也)～ : A외에 B도 ～하다 (A와 B를 포함)

除了音乐以外, 我**还**喜欢画画。 나는 음악 외에 그림 그리는 것도 좋아한다.

除了上海以外, 我**也**去过北京, 西安。
상하이 외에 나는 또 베이징과 시안을 가 본 적이 있다.

05 除了 A 以外, B 都～ : A외에 B 모두 ～하다 (A 제외)

除了他**以外**, 别的同学**都**来了。 그를 제외하고 다른 학우들은 모두 왔다.

除了两位女学生**以外**, 我们班**都**是男学生。
여학생 두 명을 제외하고 우리 반 모두 남학생이다.

예제

1_ 今天没有上课的, ______ 他以外, 还有两个人。

　　A. 对于　　　B. 关于　　　C. 除了　　　D. 只有

해설 | "除了~以外, 还(也)~"는 "~하는 외에 ~도 하다"는 의미이다.
해석 | 오늘 수업을 하지 않은 사람으로는 그들 외에 또 두 사람이 있다.
정답 | C

2_ ______ 他爱人 ______ 最了解他的脾气。

　　A. 只有…才…　　B. 只要…就…　　C. 不仅…还…　　D. 无论…也…

해설 | 이 문장에서 "他爱人"은 뒤 문장의 유일한 조건이 되고 있다. 따라서 "只有~才~" 구문이 와
　　　야 한다.
단어 | 脾气(píqi) 성격, 기질, 성깔
해석 | 그의 부인이라야만 그의 성격을 가장 잘 안다.
정답 | A

3_ ______ 春夏秋冬, 老周天天坚持跑步锻炼。

　　A. 尽管　　　B. 不管　　　C. 不怕　　　D. 哪怕

해설 | 문장의 의미상 "봄 · 여름 · 가을 · 겨울을 막론하고"라는 뜻이므로 不管이 와야 한다. 哪怕는
　　　"설사 ~한다하더라도"의 의미이다.
단어 | 跑步(pǎobù) 달리기하다　锻炼(duànliàn) 단련하다
해석 | 봄 · 여름 · 가을 · 겨울이든 라오조우는 날마다 달리기를 지속하며 몸을 단련한다.
정답 | B

01 否则 : 그렇지 않으면

他因为早恋耽误了学习, 否则早就考上大学了。
그는 일찍부터 연애한다고 공부를 놓쳤어, 그렇지 않았다면 일찌감치 대학에 합격했을 거야.

除非你去请他, 否则他是不会来的。
네가 가서 그를 청해야지 그렇지 않으면 그는 오지 않을 거야.

02 如果(要是) A, 那么(就) B : 만약 A라면 B 한다.

如果你不来, 就给我打个电话。 네가 오지 않는다면 나에게 전화를 해라.

如果你喜欢这本书, 我就送给你。 네가 이 책을 좋아한다면 내가 너에게 주겠다.

예제

1_ ＿＿＿＿ 你不舒服, ＿＿＿＿ 不要去上班了。

    A. 因为…所以…　　　　　　B. 不管…也…
    C. 要是…就…　　　　　　　D. 哪怕…也…

해설 | 이 문장은 의미상 가정관계를 나타내므로, "要是~就~"가 와야 한다. "哪怕~就~"는 "설사~
하더라도 ~하다"는 의미이다.

해석 | 몸이 좋지 않으면 출근하러 가지 마라.

정답 | C

2_ 快走吧, ＿＿＿＿ 就来不及了。

    A. 所以　　　B. 于是　　　C. 当然　　　D. 否则

해설 | 문장의 의미상 가정관계를 나타낸다. 가정관계를 나타내는 말은 否则가 된다. 所以는 "그래
서", 当然은 "당연히"라는 의미이다.

단어 | 来不及(láibují) 미치지 못하다, 시간이 맞지 않는다.

해석 | 빨리 가자, 그렇지 않으면 늦는다.

정답 | D

1 A. 他一在人多的地方说话就脸红
　　B. 一在人多的地方说话就他脸红
　　C. 他一在人多的地方就脸红说话
　　D. 一他在人多的地方说话就脸红

2 A. 昨天他连作业也没做就去踢球了
　　B. 昨天他作业也连没做就去踢球了
　　C. 昨天连他也没做作业就去踢球了
　　D. 昨天连他作业也没做就去踢球了

3 面对困难, 你＿＿＿＿战胜它, ＿＿＿＿被它吓倒。
　　A. 一边…一边…　B. 又…又…　　　C. 或者…或者…　D. 虽然…但是…

4 他最近很忙, ＿＿＿＿星期日都不能休息。
　　A. 当　　　　　　B. 就一　　　　　C. 在　　　　　　D. 连

5 ＿＿＿＿我做的饭菜香不香, 他从来都是只吃几口。
　　A. 哪怕　　　　　B. 由于　　　　　C. 尽管　　　　　D. 不管

6 这个人真没礼貌, 见了老师＿＿＿＿招呼＿＿＿＿不打。
　　A. 一…就…　　　B. 连…也…　　　C. 既…又…　　　D. 不但…还…

7 他一睡起觉来, ＿＿＿＿再大的声音＿＿＿＿吵不醒他。
　　A. 如果…就…　　B. 虽然…却…　　C. 不管…都…　　D. 哪怕…也…

8 ＿＿＿＿那件事不好办, ＿＿＿＿算了。
　　A. 要是…就…　　B. 连…也…　　　C. 不但…而且…　D. 虽然…但是…

9 我的同屋＿＿＿＿高＿＿＿＿瘦。
　　A. 还…还…　　　B. 也…也…　　　C. 又…又…　　　D. 再…再…

10 那个公园一点也不远，______ 十分钟 ______ 能走到。

    A. 无论…也…　　　B. 只要…就…　　　C. 只有…才…　　　D. 不但…还…

11 请给我一杯茶 ______ 一杯咖啡。

    A. 也　　　　　　　B. 又　　　　　　　C. 或者　　　　　　D. 还是

12 那个商店的东西很多，______ 价钱相当便宜。

    A. 因为　　　　　　B. 而且　　　　　　C. 只是　　　　　　D. 否则

13 雨停了，可是风却 ______ 刮 ______ 大。

    A. 一边…一边…　　B. 又…又…　　　　C. 越…越…　　　　D. 不…不…

14 这个暑假你打算去南方 ______ 去北方旅游？

    A. 或者　　　　　　B. 或是　　　　　　C. 或许　　　　　　D. 还是

15 他学习成绩很优秀，______ 人品也很好。

    A. 也　　　　　　　B. 和　　　　　　　C. 而且　　　　　　D. 又

16 ______ 大家都同意的话，那我们明天 ______ 出发。

    A. 要是…就…　　　B. 即…也…　　　　C. 尽管…但是…　　D. 不仅…而且…

정답과 해설

정답

1 A	**2** A	**3** C	**4** D	**5** D	**6** B
7 D	**8** A	**9** C	**10** B	**11** C	**12** B
13 C	**14** D	**15** C	**16** A		

1
해석 | 그는 사람이 많은 곳에서 말을 하기만 하면 얼굴이 빨개진다.
단어 | 脸红(liǎnhóng) : 얼굴이 빨갛다.
해설 | 우선 他는 주어이기 때문에 맨 앞에 와야 한다. 또 "一~就…"는 "~하자마자 바로…하다"는 의미이다. 따라서 "一~说话就脸红" 순이 되어야 한다.

2
해석 | 어제 그는 숙제도 하지 않고 공 차러 갔다.
단어 | 踢球(tīqiú) : 공을 차다, 축구하다
해설 | 이곳에서 주어는 他이기 때문에 문장 앞에 오며, 또 昨天은 시간명사이기 때문에 주어 앞에 위치할 수 있다. "连~也…"는 "~조차도…하다"는 의미이다.

3
해석 | 어려움에 직면해서 너는 승리할 수도 있고, 뒤로 물러날 수도 있다.
단어 | 战胜(zhànshèng) : 싸워 이기다, 승리하다
吓倒(xiàdǎo) : 놀라 자빠지다, 매우 놀라다
해설 | 이 문장은 의미상 선택관계를 나타낸다. 따라서 "或者~或者~" 형태가 와야 한다.

4
해석 | 그는 최근에 무척 바쁘다, 일요일조차 쉬지 않는다.
해설 | "连~也…"는 "~조차도…하다"는 의미이다.

5
해석 | 내가 만든 음식이 맛있든 안 맛있든 그는 줄곧 몇 술만 먹는다.

해설 | 이 문장은 조건관계를 나타낸다. 따라서 不管이 와야 한다. 哪怕는 "설사~한다 하더라도"의 의미이다.

6
해석 | 이 사람 정말 예의 없다, 선생님을 보고도 인사조차 하지 않는다.
단어 | 礼貌(lǐmào) : 예의바른
打招呼(dǎzhāohu) : 인사하다
해설 | "连~也…"는 "~조차도…하다"는 의미이다.

7
해석 | 그는 한번 잠에 빠지면 설사 다시 큰 소리로 떠들더라도 그를 깨우지 못한다.
단어 | 吵(chǎo) : 시끄럽다, 떠들썩하다
醒(xǐng) : 깨다
해설 | 이 문장은 전환관계를 나타낸다. 따라서 "哪怕~也~"가 와야 한다.

8
해석 | 만일 그 일을 처리하기 쉽지 않으면 그만두세요.
단어 | 算了(suànle) : 됐다, 그만두다
해설 | 이 문장은 가정관계를 나타낸다. 따라서 "要是~就~"가 와야 한다.

9
해석 | 나의 룸메이트는 키가 크고 말랐다.
해설 | 이 문장은 점층관계를 나타낸다. 따라서 "又~又~"가 와야 한다.

10
해석 | 그 공원은 조금도 멀지 않아요, 10분만 걸으면 도착할 수 있어요.
해설 | 이 문장은 조건관계를 나타내는데 의미상 "只要~就…"가 와야 한다. "只有~才…"는 "~해야만 비로소…한다."라는 의미로, 이때 "~"는 유일한 조건을 나타낸다.

11
해석 | 저에게 차나 커피 한 잔 주세요.
해설 | 이 문장은 선택관계를 나타낸다. 따라서 或者가 와야 한다. 还是는 의문문에서만 사용한다.

12
해석 | 그 상점의 물건은 많고 뿐만 아니라 가격도 상당히 저렴하다.
단어 | 相当(xiāngdāng) : 상당히, 무척, 꽤
해설 | 이 문장은 점층관계를 나타낸다. 보기 중에 점층관계를 나타내는 접속사는 而且이다. 否则는 가정관계를 나타내고, 의미는 "그렇지 않으면"이다.

13 **해석 |** 비는 멎었지만 바람은 오히려 불면 불
수록 세졌다.

단어 | 停(tíng) : 멎다, 서다, 멈추다

해설 | 이 문장은 계승관계를 나타낸다. 따라서
"越~越…"가 와야 한다.

14 **해석 |** 이번 여름방학 때 너는 남방으로 여행갈
거니 아니면 북방으로 여행갈 거니?

해설 | 이 문장은 선택관계를 나타내는 의문형
이다. 따라서 还是를 사용한다. 或者는
접속사로 사용될 경우 "~이거나"·"~이
든지"이며 반드시 평서문에서만 사용할
수 있고, 부사로 사용될 경우 의미는 "어
쩌면"·"혹시"라는 의미를 갖는다. 或是
는 접속사로 사용될 경우 의미는 "~이거
나(혹은)~이다"이고, 부사로 사용될 경우
에는 "아마"·"혹시"의 의미를 갖는다.
或许는 부사로써 "아마"·"혹시"의 의미
이다.

15 **해석 |** 그는 학업 성적도 우수하고 뿐만 아니라
인품도 아주 훌륭하다.

단어 | 优秀(yōuxiù) : 우수하다, 뛰어나다
人品(rénpǐn) : 인품

해설 | 이 문장은 점층관계를 나타낸다. 따라서
而且가 와야 한다.

16 **해석 |** 사람들이 모두 동의한다면 우리 내일 출
발하자.

해설 | 문장의 의미상 가정을 나타낸다. 따라서
가정을 나타내는 접속사 "要是~就~"형
태가 와야 한다. "即使~也~"는 "설사~해
도 ~하다"는 의미이고, "尽管~但是~"는
"비록~하지만 ~하다"라는 의미이다.

조사

낱말이나 구 혹은 문장 뒤에 문장성분이 무엇인지를 밝혀주거나 동작이 어떤
상태인가를 알려주거나 문장 끝에 쓰여 어기를 나타낸다.

1 | 구조조사 (的 / 地 / 得)

(1) 的 (중심어를 수식하는 성분을 연결해주는 역할)

01 명사 / 동사 / 형용사 / 각종 구 + 的 + 명사
(한정어와 중심어를 연결하는 역할)

哥哥的朋友明天来我家玩儿。 형의 친구가 내일 우리 집에 놀러온다. (명사)

妈妈做的菜很好吃。 엄마가 만든 음식은 아주 맛있다. (동사)

她是一个漂亮的女孩儿。 그녀는 아주 예쁜 여자 아이이다. (형용사)

关于历史方面的书。 역사 방면에 관한 책. (전치사구)

예제 : A. 他借我的书上个月还没还呢　B. 他上个月借我的书还没还呢
C. 他还没还借上个月我的书呢　D. 他还没还上个月借我的书呢

해설 | 이 문장에서 주어는 书이고 동사는 还이다. 따라서 的 앞부분은 书를 수식하는 한정어
역할을 하게 되는데 그 어순은 "他上个月借我"순이 된다.

해석 | 그가 지난달 빌려간 내 책 아직 돌려주지 않았어.

정답 | B

※ "한정어"란 우리말의 관형어에 해당하는 문법용어이다. 문장에서 주어나 목적어를 한정 내지 제한하
는 역할을 한다. 예를 들어, "这是我的汉语书。"라고 할 때 "我"가 "汉语书"를 제한해주고 있어 한정
어 역할을 하고 있다. 한정어가 중심어(주어나 목적어)를 수식할 때, 그 사이에 구조조사 的가 와서 한
정어와 중심어를 연결해주는 역할을 한다.

02 명사 / 동사 / 형용사 + 的 (생략된 명사를 대체)

这种样式的都卖完了。(=这种样式的衣服都卖完了。)
이런 디자인의 옷은 다 팔렸다.

她刚才唱的是韩国民歌。(=她刚才唱的歌是韩国民歌。)
그녀가 방금 부른 것은 한국 민가이다.

(2) 地 (쌍음절 형용사/동사가 부사어로 쓰여 동사를 수식할 때 연결하는 역할)

형용사(구) / 동사(구) + 地 + 동사

孩子们得意地拿出自己的礼物。 아이들은 의기양양하게 자신의 선물을 집었다.
他认真地学习汉语。 그는 열심히 중국어를 공부한다.

(3) 得 (동작의 정도나 상태를 설명)

01 동사 / 형용사 + 得 + 형용사

房间打扫得很干净。 방을 깨끗이 청소했다.
今天的风刮得不大。 오늘 바람은 세게 불지 않는다.

 동사/형용사＋得＋동사

听到这个消息, 大明高兴得跳了起来。
이 소식을 듣고 대명은 기뻐서 껑충 뛰었다.

他激动得说不出话来。 그는 감동해서 말을 하지 못했다.

예제 | A. 他不激动得睡着觉　　　B. 他睡不着觉激动得
　　　C. 他激动得睡不着觉　　　D. 他激动得不睡着觉

해설 | 정도보어 得 앞에는 반드시 동사나 술어형용사가 와야 한다. 이 문장에서 술어는 激动이다. 또 "잠을 잘 수 없다"라는 표현은 가능보어의 부정형태를 사용하여 "睡不着"로 표현한다.
단어 | 激动(jīdòng) 감격하다, 감동하다, 흥분하다
해석 | 그는 기뻐서 잠을 잘 수 없었다.
정답 | C

2 | 동태조사 (了1/着 /过)

(1) 了1 (동작이 발생했거나 이미 끝났음을 나타낸다.)

01 주어(+부사 / 전치사구)＋동사＋了1＋수량보어＋(목적어)

我昨天看了一部中国电影。 나는 어제 중국영화 한 편을 봤다.
安娜比我多学了一年汉语。 안나는 나보다 중국어를 일 년 더 배웠다.
上个月他去了一趟中国。 지난달 그는 중국에 한번 갔다 왔다.

예제 | A. 昨天家里给他来了一封信　　B. 昨天家里来给他了一封信
　　　C. 昨天家里来了给他一封信　　D. 昨天家里一封信来了给他

해설 | 동태조사는 了는 동사 뒤에 위치한다. 이 문장에서 동사는 来이기 때문에 "来了"가 되어야 한다. 또 给는 전치사이기 때문에 뒤에 "명사+동사+목적어" 형태를 취한다.
해석 | 어제 집에서 나에게 편지 한 통 보냈다.
정답 | A

02 주어＋(부사 / 전치사구)＋동사＋결과보어＋了1＋목적어

小明吃完了晚饭。 샤오밍은 저녁밥을 다 먹었다.
我找到了那本书。 나는 그 책을 찾았다.

03 주어＋동사1＋<u>了</u>1＋목적어1＋<u>就 / 也 / 再 / 才</u>＋동사2＋목적어2

妈妈吃<u>了</u>饭再去商店。 엄마는 밥을 먹고 다시 상점에 갔다.
我和朋友见<u>了</u>面才回家。 나는 친구와 만나고서야 집으로 돌아갔다.

04 주어＋동사1＋목적어1＋동사2＋<u>了</u>1＋기타성분 (연동문)
　　주어＋동사1＋겸어＋동사2＋<u>了</u>1＋기타성분 (겸어문)

我去图书馆借<u>了</u>两本书。 나는 도서관에 가서 책 두 권을 빌렸다. (연동문)
我看见她在书店买<u>了</u>很多书。
나는 그녀가 서점에서 많은 책을 사는 것을 보았다. (겸어문)

(2) 着 (동작 혹은 상태의 지속)

01 장소＋동사＋<u>着</u>＋목적어

他手里拿<u>着</u>一本书。 그는 손에 책 한 권을 가지고 있다.
窗台上放<u>着</u>一盆花。 창문턱에 화분 하나가 놓여져 있다.

02 주어＋동사1＋(목적어1)＋着＋동사2＋목적어2

小明喜欢躺着看书。 샤오밍은 누워서 책 보는 것을 좋아한다.
每天爸爸开着车去公司。 아빠는 매일 차를 운전하며 회사에 가신다.

(3) 过 (과거)

01 주어＋동사＋过＋목적어

她去年去过中国。 그녀는 작년에 중국에 간 적이 있다.
来中国以前, 我学过汉语。 중국에 오기 전에 나는 중국어를 배워 본 적이 있다.

02 没(有)＋동사＋过 (부정형식)

我<u>看过</u>这本小说。（○） 我<u>没看了</u>这本小说。（×）
나는 이 소설을 본 적 있다.

我<u>没看过</u>这本小说。（○）我<u>不看过</u>这本小说。（×）
나는 이 소설을 본 적이 없다.

예제 : A. 我到台湾没过旅行　　　　　B. 我没到台湾旅行过
　　　 C. 我没到过台湾旅行　　　　　D. 我没到台湾过旅行

해설 | 연동문일 경우 동태조사 过는 두 번째 나오는 동사 뒤에 오며, 부정부사 没는 첫 번째 동사 앞에 온다.
단어 | 台湾(Táiwān) 대만
해석 | 나는 대만을 여행한 적이 없다.
정답 | B

03 동사＋过＋목적어＋没有? (정반의문문 형식)

你<u>学过</u>英语<u>没有</u>? 당신은 영어를 배워 본 적이 있습니까?
你<u>参加过</u>足球比赛<u>没有</u>? 당신은 축구경기에 참가해 본 적이 있습니까?

예제 : A. 你参观长城过没有　　　　　B. 你没有参观长城过
　　　 C. 你参观过没有长城　　　　　D. 你参观过长城没有

해설 | 동태조사 过는 반드시 동사 뒤에 와야 한다. 이 문장에서 동사는 参观이기 때문에 过는 그 뒤에 와야 한다. 이때 没有를 맨 끝에 붙이면 정반의문문 형식이 된다.
해석 | 너는 만리장성을 참관한 적이 있느냐?
정답 | D

04 주어＋동사1＋목적어1＋동사2＋过＋목적어2 (연동문)
주어＋동사1＋겸어＋동사2＋过＋기타성분 (겸어문)

朴小姐去中国留<u>过</u>学。 미스 박은 중국에 유학을 한 적이 있다. (연동문)
他指导我学习<u>过</u>汉语。 그는 나에게 중국어를 지도해 준 적이 있다. (겸어문)

예제 : A. 我去过日本旅行三次　　　　B. 我去日本过旅行三次
　　　 C. 我去日本旅行过三次　　　　D. 我去日本旅行三次过

해설 | 이 문장은 동사 去와 旅行이 연이어 나오는 연동문이다. 연동문에서 동태조사는 두 번째 동사 뒤에 온다. 이 문장에서 두 번째 동사는 旅行이므로 过는 그 뒤에 와야 한다.
해석 | 나는 일본에 세 번 여행 간 석이 있다.
정답 | C

3 | 어기조사(문장 끝에서 각종 어기를 나타낸다)

(1) 了2

01 동사+목적어+了2(일의 발생/새로운 상황의 출현)

我的朋友上个月搬家了。 내 친구는 지난달 이사했다.
今年我二十一岁了。 올해 나는 21살이 되었다.

> 예제： 秋天 _____, 天气开始变冷了。
> A. 呢　　　B. 了　　　C. 的　　　D. 得
>
> 해설 | 문장의 의미상 가을이 되었음을 나타낸다. 가을이 되었다는 것은 여름에서 가을로의 변화
> 　　　즉 새로운 상황의 출현을 나타내므로 어기조사 了를 사용한다.
> 해석 | 가을이 되었다, 날씨가 추워지기 시작한다.
> 정답 | B

02 동사+了1+수량사+了2 (동작이 아직까지 지속 중임을 나타낸다)

妈妈病了一个星期了。 엄마는 일주일째 아프다.
他学习了两个小时汉语了。 그는 두 시간째 중국어를 공부하고 있다.

> 예제： 这本小说我已经看了两遍_____。
> A. 的　　　B. 着　　　C. 吗　　　D. 了
>
> 해설 | 문장의 의미상 두 번 다보고 지금은 세 번째 보고 있다는 뜻이다. 동작이 지속될 때에는
> 　　　동태조사 了와 어기조사 了가 동시에 온다. 따라서 문장 뒤에는 어기조사 了가 와야 한다.
> 해석 | 이 소설 나는 이미 두 번째 보았다.
> 정답 | D

03 快/要/快要/就要/已经/太+동사+了2

他下个月就要回国了。 그는 다음 달 귀국하려 한다.
这件衣服太短了。 이 옷은 너무 짧다.

> 예제： A. 他马上就要大学毕业了　　　　B. 他马上就要毕业大学了
> 　　　　C. 他马上就要大学毕了业　　　　D. 他就要马上大学毕业了
>
> 해설 | "就要"는 문장 끝에 어기조사 了를 수반하여 동작이 곧 발생하려함을 나타낸다. 또 毕业
> 　　　는 이합동사로 목적어를 취할 수 없기 때문에 "대학을 졸업한다."라는 의미는 "大学毕业"
> 　　　라고 표현해야 한다.
> 해석 | 그는 곧 대학을 졸업한다.
> 정답 | A

(2) 的

01 "是……的" (이미 발생한 일의 시간 · 지점 · 방식 등을 강조)

我<u>是</u>昨天来<u>的</u>。 나는 어제 왔다. (시간)
他<u>是</u>坐飞机来<u>的</u>天津。 그는 비행기를 타고 텐진에 왔다. (방식)
我们<u>是</u>在医院里认识<u>的</u>。 우리들은 병원에서 알았다. (지점)

> 예제 ┃ A. 他是去年毕业的从这个大学　B. 他是从这个大学去年毕业的
> 　　　　C. 他是去年从这个大学毕业的　D. 从这个大学他是去年毕业的
>
> 해설 ┃ 이 문장은 주어가 他이고, "是~的"가 들어간 강조구문이다. 강조하는 부분의 어순은 "시간
> 　　　명사+전치사구" 순이다.
> 해석 ┃ 그는 작년에 이 대학을 졸업했다.
> 정답 ┃ C

02 "会……的" / "挺……的" (문장 끝에 긍정 · 강조의 어투를 나타냄)

我不<u>会</u>忘记你<u>的</u>。 나는 너를 잊지 않을 것이다.
我们学校留学生<u>挺</u>多<u>的</u>。 우리 학교에는 유학생이 아주 많다.

> 예제 ┃ A. 我准时会到的　　　　　　B. 我准时到会的
> 　　　　C. 准时我会到的　　　　　　D. 我会准时到的
>
> 해설 ┃ 이 문장에서 주어는 我이고, "会~的"가 들어간 강조구문이다. 강조하는 부분의 어순은 "부
> 　　　사+동사" 순이다.
> 단어 ┃ 准时(zhǔnshí) 정각, 정시
> 해석 ┃ 나는 정시에 도착할 거야.
> 정답 ┃ D

(3) 吧

추측 · 명령 · 권유 · 동의 등의 의미 (可能 /也许 /一定 /还是 ～吧)

你们都是韩国学生<u>吧</u>? 당신들 모두 한국 학생들이죠?
请坐<u>吧</u>, 咱们好好聊聊。 앉으세요, 우리 이야기 좀 잘해 봅시다.
天阴了, 我看你<u>还是</u>带上雨伞<u>吧</u>。 날이 흐려, 내가 보기에 너 그래도 우산 가져 가.

> 예제 ┃ 我想他不会不知道______。
> 　　　　A. 吗　　　B. 啊　　　C. 呢　　　D. 吧
>
> 해설 ┃ 이 문장은 의미상 추측을 나타낸다. 따라서 추측의 어기를 나타내는 어기조사 吧가 와야
> 　　　한다. 吗는 의문형에서 사용된다.

(4) 啊 / 呀

감탄이나 긍정의 의미(주로 真 / 多 / 多么와 연용)

<u>多</u>好的人<u>啊</u>!　얼마나 좋은 사람인가!
她<u>多</u>漂亮<u>啊</u>!　그녀는 얼마나 아름다운가!

예제：这是多么伟大的工程 ______ !
　　A. 吗　　　B. 吧　　　C. 啊　　　D. 呢

해설 | "多么~啊"는 "얼마나 ~한가"라는 의미이다.
단어 | 伟大(wěidà) 위대한, 웅장한　工程(gōngchéng) 공사, 공정
해석 | 이것은 얼마나 위대한 공사인가!
정답 | C

(5) 吗

01 의문의 어기(~吗?)

你是中国人<u>吗</u>?　당신은 중국인입니까?
你会说英语<u>吗</u>?　당신은 영어를 할 줄 압니까?

02 고정격식(반문의 어기)

① 不是~吗? : ~이 아닙니까?
你<u>不是</u>日本人<u>吗</u>?　당신은 일본인이 아닙니까?
他<u>不是</u>去上海了<u>吗</u>?　그는 상하이에 가지 않습니까?

② 没有~吗?: ~하지 않았습니까?
他<u>没有</u>跟你说<u>吗</u>?　그가 당신에게 말하지 않았던가요?
昨天你<u>没有</u>跟他们一起去<u>吗</u>?　어제 당신은 그들과 함께 가지 않았습니까?

③ 难道~吗?: 설마 ~한건 아니죠?
你<u>难道</u>不来了<u>吗</u>?　당신 설마 오지 않은 건 아니죠?
<u>难道</u>你还不懂<u>吗</u>?　설마 당신 모르시는 건 아니죠?

(6) 呢

01 "아직"의 의미(还没~呢)

他还没来呢。　그는 아직 오지 않았어.

这本书我还没看完呢!　이 책 나 아직 다 안 봤어!

02 진행 · 지속의 의미(着呢)

我听着呢。　나는 듣고 있어.

我出去的时候, 外边正下着雨呢。　내가 나갔을 때 밖에는 마침 비가 내리고 있었어.

03 생략형태의 의문문(~呢?)

我们都去, 你呢?　우리 모두 갈 건데, 너는?

小李明天家里有事儿, 来不了, 小王呢? 他能来吗?

샤오리는 내일 집에 일이 있어 올 수 없고, 샤오왕은? 그는 올 수 있니?

04 고정격식

① 의문대명사~呢?

他去哪儿了呢?　그는 어디 갔니?

咱们明天什么时候出发呢?　우리 내일 언제 출발할까?

② 怎么(为什么)~呢? : 어떻게 ~할 수 있겠는가?

你怎么不去呢?　너는 왜 안 가니?

你为什么不能来呢?　너는 왜 올 수 없는 거니?

예제2 : 都夜里一点了, 爸爸的书房还亮着灯 ______。

    A. 吧   B. 吗   C. 呢   D. 了

해설 | 문장의 의미상 상태가 지속내지 진행되고 있음을 나타내기 때문에 呢가 들어가야 한다.
단어 | 夜里(yèli) 밤중　亮(liàng) 밝다
해석 | 벌써 새벽 한 시가 됐는데, 아빠의 서재에는 아직도 불이 켜져 있다.
정답 | C

1 A. 我做这个实验完了就去洗澡   B. 我做这个实验就完了去洗澡
     C. 我这个实验就做完了去洗澡   D. 我做完了这个实验就去洗澡

2 A. 上周他广州去开了一个会   B. 上周他开了一个会去广州
     C. 上周他去广州开了一个会   D. 上周他去广州开一个会了

3 A. 演出就要结束了   B. 就要结束了演出
     C. 就要演出结束了   D. 就演出要结束了

4 A. 鲜花草原上到处开着   B. 到处草原上开着鲜花
     C. 草原上到处开着鲜花   D. 鲜花到处开着草原上

5 A. 我们打算了吃饭就进城   B. 我们打算吃了饭就进城
     C. 我们就打算吃饭了进城   D. 我们打算就吃饭了进城

6 A. 你们是怎么去的   B. 是怎么你们去的
     C. 是你们怎么去的   D. 你们怎么是去的

7 A. 外面正下着雨呢   B. 外面正下雨着呢
     C. 雨正下着外面呢   D. 正外面下着雨呢

8 A. 我们吃晚饭了再去散步   B. 我们吃了晚饭再去散步
     C. 我们吃晚饭再去了散步   D. 我们吃晚饭再去散步了

9 A. 墙上一张地图挂着   B. 一张地图挂着墙上
     C. 墙上挂着一张地图   D. 挂着墙上一张地图

10 A. 你们怎么站着谈话   B. 你们谈话站着怎么
      C. 你们怎么谈话站着   D. 怎么站着你们谈话

11　A. 山本在了中国交一个新朋友　　　　B. 山本在中国了交一个新朋友
　　C. 山本在中国交了一个新朋友　　　　D. 山本在中国交一个新朋友了

12　自行车不能骑了，只好推______走回家了。
　　A. 着　　　　　B. 了　　　　　C. 得　　　　　D. 地

13　车就要开了，他们不会不来______？
　　A. 呢　　　　　B. 吗　　　　　C. 啊　　　　　D. 吧

14　请你小点声说话，同学们正在考试______。
　　A. 了　　　　　B. 着　　　　　C. 的　　　　　D. 呢

15　这件衣服我穿______不太合适。
　　A. 了　　　　　B. 着　　　　　C. 得　　　　　D. 的

16　这个钱包是谁的______？
　　A. 吗　　　　　B. 啦　　　　　C. 呢　　　　　D. 吧

17　看，多可爱的孩子______！
　　A. 啊　　　　　B. 呢　　　　　C. 嘛　　　　　D. 吧

정답과 해설

1 D	2 C	3 A	4 C	5 B	6 A
7 A	8 B	9 C	10 A	11 C	12 A
13 D	14 D	15 B	16 C	17 A	

1
해석 | 나는 이 실험을 다하고 샤워하러 갔다.
단어 | 实验(shíyàn) : 실험
해설 | 문중에 就가 있을 경우 동태조사 了는 앞의 첫 번째 동사 뒤에 위치한다. 이 문장에서 첫 번째 동사는 做이지만 결과보어 完이 있으므로 了는 "做完了~" 형태로 오게 된다.

2
해석 | 지난주 그는 광조우에 회의에 참석하러 갔다.
단어 | 广州(Guǎngzhōu) : 광조우(중국 광동성의 성도)
해설 | 이 문장은 동사 去와 开가 연이어 나오는 연동문이다. 연동문에서 동태조사 了는 두 번째 동사 뒤에 위치한다.

3
해석 | 공연이 곧 끝나려고 한다.
단어 | 演出(yǎnchū) : 공연, 연출
해설 | "就要~了"는 "곧 ~하려고 한다."는 의미이다. 이때 了는 어기조사이다.

4
해석 | 초원 곳곳에 꽃들이 피어 있다.
단어 | 鲜花(xiānhuā) : 생화
草原(cǎoyuán) : 초원, 풀밭
到处(dàochù) : 도처, 곳곳
해설 | 着 은 동태조사로 동사 开 뒤에 와서 "开着" 형태가 되어야 한다. 목적어는 "鲜花"이므로 "开着" 뒤에 위치한다. 到处는 부사이므로 "开着" 앞에 위치한다.

5
해석 | 우리는 밥 먹고 시내 갈 계획이다.

단어 | 进城(jìnchéng) : 시내에 가다
해설 | 문중에 就가 있을 경우 동태조사는 了는 앞의 첫 번째 동사 뒤에 위치한다. 이 문장에서 첫 번째 동사는 吃이므로 了는 "吃了~" 형태로 오게 된다.

6
해석 | 너희들은 어떻게 갈 것이냐?
해설 | "是~的"는 "~" 부분을 강조하는 구문이다. 이 문장에서 주어는 你们이고, "怎么去"가 강조되고 있기때문에 "你们是怎么去的" 순이 되어야 한다.

7
해석 | 밖에는 마침 비가 내리고 있어.
해설 | 우선 주어는 外面이기 때문에 맨 앞에 와야 하고, 正은 부사이므로 동사 下 앞에 온다. 또 동태조사 着는 동사 下 뒤에 와야 한다.

8
해석 | 우리는 저녁을 먹고 다시 산책을 했다.
해설 | 문중에 再가 있을 경우 동태조사는 了는 앞의 첫 번째 동사 뒤에 위치한다. 이 문장에서 첫 번째 동사는 吃이므로 了는 "吃了~" 형태로 오게 된다.

9
해석 | 벽에는 지도 한 장이 걸려 있다.
해설 | 이 문장에서 주어는 墙上이므로 맨 앞에 나와야 하고, 동태조사 着는 동사인 挂 뒤에 와야 한다. 또 목적어는 一张地图이므로 문장 제일 뒤쪽에 온다.

10
해석 | 너희들은 왜 서서 이야기를 하니?
해설 | 이 문장은 "동사1+着 +동사2+목적어" 형태로 두 가지 동작이 동시에 진행되고 있음을 나타낸다. 이때 동사1은 단음절 단어가 보통 온다.

11
해석 | 샨번은 중국에서 친구 한 명을 새로 사귀었다.
단어 | 交(jiāo) : 사귀다, 제출하다
해설 | 了는 동태조사이므로 이 문장의 동사인 交 뒤에 위치한다.

12
해석 | 자전거를 탈 수 없어 하는 수 없이 끌며 걸어 집에 돌아왔다.
단어 | 推(tuī) : 밀다
해설 | 이 문장은 "동사1+着 +동사2+목적어" 형태로 두 가지 동작이 동시에 진행되고 있음을 나타낸다. 이때 동사1은 단음절

단어가 온다.

13 해석 | 차가 곧 출발하려고 하는데, 그들은 오지
　　　　 않지는 않겠지?
　　 해설 | 이 문장은 舍가 있어 추측성을 띤 문장이
　　　　 라는 것을 알 수 있다. 따라서 어기조사
　　　　 吧를 사용한다.

14 해석 | 소리 좀 낮춰 주세요, 학우들이 지금 시
　　　　 험 보고 있습니다.
　　 해설 | 이 문장은 正在가 있어 진행형 문장임을
　　　　 알 수 있다. 따라서 어기조사 呢를 사용
　　　　 한다.

15 해석 | 이 옷은 내가 입으면 그렇게 어울리지 않
　　　　 아.
　　 해설 | 문장의 의미상 지속 내지 진행의 의미를
　　　　 담고 있다. 또 穿은 동사이기 때문에 뒤
　　　　 에는 동태조사 着 가 들어가야 한다.

16 해석 | 이 지갑 누구 것이지?
　　 단어 | 钱包(qiánbāo) : 지갑
　　 해설 | "누구의 것"인가를 확인하는 뉘앙스를 나
　　　　 타낸다. 따라서 呢가 와야 한다. 啦(la)는
　　　　 열거를 나타낸다.

17 해석 | 봐 얼마나 귀여운 아이인가?
　　 해설 | "多~啊"는 "얼마나 ~한가"라는 의미이다.

10 보어

보어는 술어(동사/형용사)를 보충하는 역할을 하며, 결과·방향·정도·수량·상태를 나타낸다.

1 결과보어(동작의 결과를 나타낸다. 동사와 형용사만이 결과보어가 될 수 있다.)

(1) 동사＋결과보어(＋了)＋목적어

我吃饱了。 나는 배부르게 먹었다. (형용사)

小李碰倒了桌子。 샤오리는 탁자를 넘어뜨렸다. (동사)

예제 : A. 他希望学汉语好　　　　B. 他希望学好汉语
　　　 C. 他学好汉语希望　　　　D. 学好汉语他希望

해설 | 好가 결과보어로 사용되면 완료의 의미를 나타낸다. 위치는 동사 뒤가 되는데 이 문장에서 동사는 希望과 学인데 "希望好"라는 말은 중국어에 보이지 않는다. 따라서 "学好"라고 해야 한다.

해석 | 그는 중국어를 잘 배우고 싶어 한다.

정답 | B

(2) 没＋동사＋결과보어 (부정형식)

我没写完作业。 나는 숙제를 다 하지 못했다.

墙上的字我没看清楚。 벽의 글자 나는 또렷하게 보지 못했다.

예제 : A. 同学们我的话听没懂　　　B. 我的话没听懂同学们
　　　 C. 同学们没听懂我的话　　　D. 同学们没听我的话懂

해설 | 문장에서 "听懂"은 "동사＋결과보어" 형태이며, 이를 부정할 경우에는 "没＋동사＋결과보어" 형태, 즉 "没听懂"이 된다.

해석 | 학우들은 내 말을 알아듣지 못했다.

정답 | C

2 | 방향보어(동작의 구체적 방향을 나타낸다.)

(1) 종류

01 단순방향보어 : 동사 + □ (来 · 去 · 上 · 下 · 过 · 起 · 进 · 出)

他走下飞机了。 그는 비행기에서 걸어 내렸다.
他回学校去了。 그는 학교로 되돌아갔다.

02 복합방향보어 : 동사 + □□ (上来 · 上去 · 下来 · 下去 · 过来 · 过去 · 起来 · 进来 · 进去 · 出来 · 出去……)

我想出来一个好办法。 나는 한 가지 좋은 방법을 생각해 냈다.
我看见西蒙从外边走进来了。 나는 사이몬이 밖에서 걸어 들어오는 것을 봤다.
妈妈到商店去了。 엄마는 상점에 가셨다.

▶ **주의** 복합방향보어에서 뒤에는 반드시 来나 去가 온다. 이때 来는 나에게서 가까워지는 개념이고, 去는 나에게서 멀어지는 개념이다.

예제

A. 请你念下去继续　　　　　B. 请你继续念下去
C. 请你念继续下去　　　　　D. 请你下去念继续

해설 | 이 문장에서 继续는 부사이므로 일단 주어 뒤에 와야 한다. 또 下去는 방향보어이므로 동사 念 다음에 와야 한다. 방향보어는 동사 앞으로 갈 수 없다.
단어 | 念(niàn) 읽다　继续(jìxù) 계속해서
해석 | 계속 읽어 나가세요.
정답 | B

(2) 주요 방향보어

01 上来

① 사람이나 물체가 낮은 곳에서 높은 곳으로 이동
把那个箱子抬上来。 그 상자를 들어 올려라.
他在河边坐了一下午, 终于钓上来了一条鱼。
그는 강가에 오후 내내 앉아 있다가 결국 물고기 한 마리를 낚았다.

② 사람이나 사물이 낮은 부분에서 높은 부분으로 이동

明天把你们的作业交上来。 내일 너희들 숙제를 제출해라.

他是刚从基层提拔上来的干部。 그는 제일 말단에서 막 승진해 온 간부이다.

02 上去

① 첨가 혹은 접합 · 연결의 의미

把这幅画儿挂上去。 이 그림을 걸어라.

信封上别忘了写上去邮政编码。 편지봉투에 우편번호 써넣는 거 잊지 마라.

② 수준을 높일 때 사용

我决心把学习成绩提高上去。 나는 학업 성적을 높이기로 결심했다.

你们应该把产品质量抓上去。 당신들은 생산품의 품질을 높여야 한다.

03 下来

① 동작의 완성이나 고정적일 때 사용 (停/记/写/留……)

投资计划定下来了。 투자 계획이 정해졌다.

大雨终于停下来了。 큰비가 마침내 그쳤다.

② 과거에서 지금까지 지속 (跑/传/坚持/流传/继承……)

这个传说是从古代流传下来的。 이 전설은 고대에서부터 전해 내려왔다.

暑假他去打工了，两个月下来挣了不少钱。

여름방학 때 그는 아르바이트를 하러 갔다, 두 달 동안 적지 않은 돈을 벌었다.

③ 움직임에서 멈춤, 밝음에서 어두운 상태로의 변화 (형용사＋下来)

天色暗下来了。 날이 어두워지기 시작한다.

跑了一会儿，她的速度慢了下来。 조금 뛰더니 그녀는 속도를 늦췄다.

04 下去

① 높은 곳에서 낮은 곳으로의 이동

我们把这些东西扔下去吧。 우리 이 물건들을 버려 버리자.

听到楼下的电话响了，他飞快地跑了下去。

아래층의 전화가 울리는 것을 듣고, 그는 잽싸게 달려 내려왔다.

② 현재에서 미래까지 지속 (说/讲/学/读/传/坚持……)

我们这样讨论<u>下去</u>是不会有结果的。
우리가 이렇게 토론해 나가는 것은 결과가 있지 않을 거야.

不论遇到多大的困难，我们都要坚持<u>下去</u>。
얼마나 큰 어려움을 만나더라도 우리는 계속해 나가야 한다.

05 过来

① 사람이나 물체가 어떤 곳 혹은 상대방 쪽에서 오는 것을 말한다.

一辆汽车从桥<u>上</u>开<u>过来</u>。 차 한 대가 다리 쪽에서 다가왔다.

那个卖东西的老汉向我走<u>过来</u>。 그 물건을 파는 남자가 내 쪽으로 걸어왔다.

② 비정상 상태에서 정상적인 상태로의 전환 (醒/改/救/明白/苏醒/ 恢复……)

他解释了半天，我才明白<u>过来</u>。 그가 한참 동안 설명하고서야 나는 이해가 됐다.

经过医生的全力抢救，病人终于苏醒<u>过来</u>了。
의사의 전력을 다한 응급조치로 환자는 마침내 깨어났다.

06 过去

① 어떤 한 시간을 거치면서 동작이 이미 끝났음을 나타낸다.

事情已经<u>过去</u>了，不要再提了。 다 지난 일이니, 다시 꺼내지 마라

四年很快<u>过去</u>了，他下个月就要大学毕业了。
4년이 아주 빨리 지나갔다, 그는 다음 달 대학을 졸업한다.

07 起来

① 낮은 곳에서 높은 곳으로의 이동 (坐/站/跳/举/拿/提/抬……)

他突然站了<u>起来</u>。 그는 갑자기 일어섰다.

有问题的同学请把手举<u>起来</u>。 문제가 있는 학우들은 손을 드세요.

② 시작·계속

他的身体正在一天天好<u>起来</u>。 그의 몸은 하루하루가 좋아지고 있다.

听完他讲的故事，大家都笑了<u>起来</u>。
그가 말한 이야기를 다 듣고 사람들은 웃기 시작했다.

③ 분산되었다가 집중됨 (联合/集中/收拾/积累/存/组织……)

你先把东西收<u>起来</u>吧。 너는 먼저 물건을 받아 둬라.

只靠我们的力量是不够的，我们应该把大家组织<u>起来</u>。
우리 힘만으로는 부족해, 우리는 사람들을 모아야 한다.

08 出来

① 안에서 밖으로 나올 경우

我看见他从教室走了<u>出来</u>。 나는 그가 교실에서 나오는 것을 봤다.

他从书包里拿<u>出来</u>一本杂志。 그는 책가방 안에서 잡지 한 권을 꺼냈다.

② 발견·식별의 의미 (分/看/认/查/闻/猜……)

你听得<u>出来</u>我是谁吗？ 너는 내가 누군지 드러낼 수 있겠니?

我一眼就认<u>出</u>他<u>来</u>了。 나는 첫눈에 그를 알아냈다.

③ 창조·완성 (写/画/设计/制造/整理/研究……)

幸福的生活是由双手创造<u>出来</u>的。 행복한 생활은 두 손으로 만들어 내는 것이다.

我们的建筑施工图设计<u>出来</u>了吗？ 우리의 건축 설계도 설계되어 나왔습니까？

예제

1_ 电影开始了，观众们都安静了______。

A. 上来　　　B. 下来　　　C. 出来　　　D. 起来

해설 | "조용해졌다"는 것은 동적인 상황에서 정적인 상황으로의 변화를 의미함으로, 下来를 사용
한다.

해석 | 영화가 시작되자, 관중들은 모두 조용해졌다.

정답 | B

2_ 我不是不知道，只是一时想不______。

A. 起来　　　B. 出来　　　C. 过来　　　D. 回来

해설 | 문장이 의미상 "생각이 떠오르지 않는" 것을 의미하므로 "시작"을 나타내는 방향 보어 起来
를 사용한다.

단어 | 一时(yīshí) 일시에, 한동안

해석 | 내가 모르는 것이 아니라 순간적으로 생각이 나지 않을 뿐이야.

정답 | A

(3) 복합방향보어에서 목적어의 위치

01 목적어가 장소일 경우 :
동사 + (上/下/过/起/出/到) + 장소목적어 + 来/去

下个月我要到<u>中国</u>去。 다음 달 나는 중국에 가려고 한다.

考试结束后，学生们走出<u>教室</u>去。 시험이 끝난 후 학생들은 교실을 걸어 나갔다.

考试结束后，学生们走出去<u>教室</u>。 (×)

02 목적어가 사람 혹은 사물일 경우 :

동사 + (上/下/过/起/出) + 목적어 + 来/去
동사 + (上/下/过/起/出) + 来/去 + 목적어

李明从书包里拿出一本书来。(= 李明从书包里拿出来一本书。)
리밍은 가방 안에서 책 한 권을 꺼냈다.

吃过晚饭后, 他看起电视来。(= 吃过晚饭后, 他看起来电视。)
저녁을 다 먹은 후 그는 TV를 보기 시작했다.

03 이합사(说话/看书/睡觉/聊天/游泳/唱歌 등)일 경우 :

동사 + 起 + 목적어 + 来

说起话来 / 唱起歌来 / 下起雨来

3 | 가능보어(어떤 일이 발생할 가능성을 나타낸다.)

(1) 동사 + 得 / 不 + 결과보어 / 방향보어 (+목적어)

我的汉语书找不到了。　내 중국어 책 찾을 수 없다.

今天的课不太难, 我们都听得懂。
오늘 수업 그렇게 어렵지 않아서, 우리들은 알아들을 수 있다.

我没有钥匙, 进不去那个房间。　나는 열쇠가 없어 저 방에 들어갈 수 없다.

他很聪明, 什么办法都想得出来。
그는 아주 똑똑해서, 어떤 방법도 생각해 낼 수 있다.

(2) 동사 + 得 / 不 + 了(liǎo) (행위를 실현할 수 있고 없음을 나타냄)

三个人吃不了这么多菜。　세 사람만으로는 이렇게 많은 음식을 먹을 수 없다.

现在机票还没有买, 明天去得了中国吗?
지금 비행기표 안 샀는데 내일 중국 갈 수 있겠니?

4 | 정도보어(동사 뒤에 "得"가 나와 동작의 결과나 상태를 나타내는 보어를 말한다.)

(1) 동사/형용사 + 得 + 형용사(구)/동사(구)

他的汉语说得很好。 그는 중국어를 아주 잘한다.
他激动得说不出话来。 그는 감동해서 말을 하지 못했다.

(2) 형용사 + 极了/透了/多了

这个孩子可爱极了。 이 아이는 아주 귀엽다.
这次考试糟糕透了。 이번 시험 망쳤다.

5 | 수량보어_(동작의 횟수나 시간을 나타내는 보어)

(1) 동사 + (了/过) + <u>수량보어</u> + (的) + 사물목적어

李大明在上海住过<u>三年</u>。 리따밍은 상하이에 3년 산 적이 있다.

我看过<u>两遍</u>这部电影。 나는 이 영화를 두 번 본 적이 있다.

我们每天上<u>四节课</u>。 우리들은 매일 4교시 수업을 한다.

> 예제 ┃ A. 我们坐了车40多分钟　　　B. 我们坐了40多分钟车
> 　　　 C. 我们40多分钟坐车了　　　D. 我们坐车了40多分钟
>
> 해설 ┃ 이 문장에서 목적어 车는 사물 목적어이다. 사물목적어일 경우 수량보어는 동사 뒤 사물 목적어 앞에 위치한다.
>
> 해석 ┃ 우리는 40여 분간 차를 탔다.
>
> 정답 ┃ B

(2) 동사 + (了/过) + 인칭대명사/장소목적어 + <u>수량보어</u>

我找过她<u>一次</u>。 나는 그녀를 한번 찾은 적이 있다.

我等了她<u>一个小时</u>。 나는 그녀를 한 시간 기다렸다.

> 예제 ┃ A. 这位老人近四十年离开家乡了
> 　　　 B. 这位老人离开了近四十年家乡
> 　　　 C. 这位老人离开家乡近四十年了
> 　　　 D. 这位老人离开家乡了近四十年
>
> 해설 ┃ 이 문장에서 동사는 离开이고, 목적어 家乡은 장소목적어이다. 장소목적어일 경우 수량보어는 장소목적어 뒤에 위치한다.
>
> 단어 ┃ 家乡(jiāxiāng) 고향
>
> 해석 ┃ 이 노인은 고향을 떠난 지 근 40년이 되었다.
>
> 정답 ┃ C

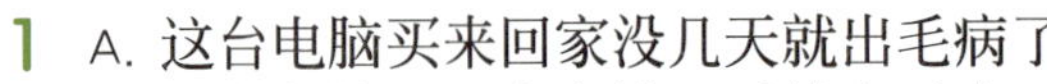

1
A. 这台电脑买来回家没几天就出毛病了
B. 这台电脑买回来家没几天就出毛病了
C. 这台电脑就买回家来没几天出毛病了
D. 这台电脑买回家来没几天就出毛病了

2
A. 王强已经去美国三年留学了　　B. 王强已经三年去美国留学了
C. 王强去美国已经三年留学了　　D. 王强已经去美国留学三年了

3
A. 这个电影我两遍看过了　　B. 这个电影我看过两遍了
C. 我看过两遍了这个电影　　D. 我这个电影两遍看过了

4
A. 快进屋里来暖和暖和　　B. 快暖和暖和进屋里来
C. 快进来屋里暖和暖和　　D. 快进暖和暖和屋里来

5
A. 5个多月了我住了在北京　　B. 我5个多月了住了在北京
C. 我住了5个多月了在北京　　D. 我在北京住了5个多月了

6
A. 他跑教室出去了　　B. 他跑出去教室了
C. 他跑出教室去了　　D. 他跑出了去教室

7
A. 他4个半小时的信写了　　B. 他写了信4个半小时的
C. 他写4个小时半的信了　　D. 他写了4个半小时的信

8
A. 他只会说汉语一点儿　　B. 他只一点儿会说汉语
C. 他只会说一点儿汉语　　D. 他只会汉语说一点儿

9
A. 下午又风刮起来了　　B. 下午又刮风起来了
C. 下午又刮起风来了　　D. 下午又刮起来了风

10
A. 他马上跳下湖去救人　　B. 他马上跳下去湖救人
C. 他去救人马上跳下湖　　D. 马上他跳下湖去救人

11 我们要把书本上的知识和实践结合______。

    A. 上来   B. 上去   C. 起来   D. 下去

12 请你把写错的字改正______。

    A. 出来   B. 回来   C. 上来   D. 过来

13 老人越说越伤心，再也说不______了。

    A. 上去   B. 上来   C. 下去   D. 下来

14 他把丢在路上的书包找______来了。

    A. 回   B. 过   C. 出   D. 起

15 大家不要吵，请安静______。

    A. 下去   B. 下来   C. 起来   D. 上去

16 夏天来了，天气热______了。

    A. 上来   B. 下来   C. 起来   D. 过来

정답과 해설

1 D	2 D	3 B	4 A	5 D	6 C
7 D	8 C	9 C	10 A	11 C	12 D
13 C	14 A	15 B	16 C		

1
해석 | 이 컴퓨터는 산 지 며칠도 안 돼 고장 났다.
단어 | 台(tái) : 대(컴퓨터 등과 같은 기계를 세는 양사)
出毛病(chūmáobing) : 고장이 나다, 문제가 생기다
해설 | 목적어가 장소목적어일 경우 방향보어의 위치는 "동사+□+장소목적어+□" 형태가 된다. 이곳에 家는 장소목적어이기 때문에 방향보어 回来는 "买回家来" 형태로 들어가야 한다. 또 뒤에 "며칠도 안 돼 바로 고장난 것"이라는 의미이기 때문에 就는 没几天과 出毛病 사이에 와야 한다.

2
해석 | 왕치앙은 미국에 유학간 지 이미 3년이 되었다.
단어 | 王强(Wángqiáng) : 왕치앙(인명)
해설 | 이 문장은 동사 去와 留学가 나오는 연동문이다. 연동문에서 부사는 첫 번째 동사 앞에 위치하므로 已经은 去 앞에 위치한다. 수량보어 三年은 뒤의 동사 留学 뒤에 온다.

3
해석 | 이 영화 나는 두 번 봤다.
해설 | 이 문장은 목적어인 这个电影이 주어 앞으로 도치되어 강조가 되고 있는 문장이다. 따라서 수량보어는 바로 동사 뒤에 오면 된다. 이때 了는 어기조사이다.

4
해석 | 빨리 방안에 들어와서 몸을 좀 따뜻하게

해라.
단어 | 暖和(nuǎnhuo) : 따뜻하다, 따뜻하게 하다
해설 | "屋里"는 장소목적어이기 때문에 단순방향보어의 위치는 "동사+장소목적어+□" 형태가 된다. 따라서 "进屋里来" 형태가 되어야 한다.

5
해석 | 나는 베이징에서 5개월여째 있다.
해설 | 이 문장은 의미상 베이징 5개월째 살고 6개월째 살고 있음을 나타낸다. 이처럼 지속의 의미를 나타낼 때에는 동태조사와 어기조사가 함께 나온다.

6
해석 | 그는 교실로 뛰어 들어갔다.
해설 | 목적어가 장소목적어일 경우 방향보어의 위치는 "동사+□+장소목적어+□" 형태가 된다. 이곳에 教室는 장소목적어이기 때문에 방향보어 出去는 "跑出教室去" 형태로 들어가야 한다.

7
해석 | 그는 4시간 반 동안 편지를 썼다.
해설 | 이 문장에서 목적어 信은 사물목적어이다. 따라서 시량보어 "4个半小时"는 동사 写와 사물목적어 信 사이에 와야 한다.

8
해석 | 그는 그저 중국어를 조금 할 줄 안다.
해설 | 이 문장에서 목적어 汉语는 사물목적어이다. 따라서 동량보어 一点儿은 동사 说와 목적어 汉语 사이에 와야 한다.

9
해석 | 오후에 또 바람이 불기 시작했다.
해설 | 문장에서 刮风은 이합동사이다. 이합동사에서 방향보어는 "동사+□+목적어+□" 형태로 들어간다. 따라서 "刮起风来" 형태가 되어야 한다.

10
해석 | 그는 바로 호수에 뛰어들어 사람을 구하러 갔다.
단어 | 跳下湖(tiàoxiàhú) : 호수에 뛰어들다
救人(jiùrén) : 사람을 구하다
해설 | 목적어가 장소목적어일 경우 방향보어의 위치는 "동사+□+장소목적어+□" 형태가 된다. 이곳에 湖는 장소목적어이기 때문에 방향보어 下去는 "跳下湖去" 형태로 들어가야 한다.

11
해석 | 우리는 책의 지식과 실천을 결합해야 한다.
단어 | 知识(zhīshi) : 지식
实践(shíjiàn) : 실천하다
结合(jiéhé) : 결합하다

해설 | 이 문장은 의미상 동작이 "시작"의 의미
를 가지고 있으므로 起来가 와야 한다.

12 **해석 |** 잘못 쓴 글자를 고치세요.
　　 단어 | 改正(gǎizhèng) : 고치다, 수정하다
　　 해설 | 비정상인 상태나 잘못된 경우에서 정상
적인 상태나 옳은 경우로 돌아올 때에는
"过来"를 사용한다.

13 **해석 |** 노인은 말을 하면 할수록 마음이 아파 더
이상 말을 잇지 못했다.
　　 단어 | 伤心(shāngxīn) : 마음 아프다, 상심하다
　　 해설 | 동작이 현재에서 미래까지 지속되는 경
우에는 下去를 사용한다.

14 **해석 |** 그는 길에서 잃어버린 지갑을 찾았다.
　　 단어 | 丢(diū) : 잃다
　　 해설 | 의미상 "잃어버린 지갑을 되찾았다는 것"
을 의미하므로 "回"를 사용한다.

15 **해석 |** 여러분 떠들지 마세요, 조용히 해 주세요.
　　 단어 | 安静(ānjìng) : 조용하다, 고요하다
　　 해설 | 의미상 동적인 상태에서 정적인 상태로
의 변화를 의미하므로 下来를 사용한다.

16 **해석 |** 여름이 왔다, 날이 더워지기 시작했다.
　　 해설 | "날이 더워졌다"라는 개념은 동작의 "시
작"을 나타내므로 起来를 사용한다.

1 | 比가 들어가는 비교문

(1) A 比 B+형용사(+ 一点儿 / 一些/得多 / 多了 / 구체적 수치)

这栋楼比那栋高。 이 건물은 저 건물보다 높다.

这栋房子比那栋房子高一点儿。 이 방은 저 방보다 조금 높다.

你买的苹果比这儿卖的贵两块。 네가 산 과일은 여기서 파는 것보다 2원 비싸다.

예제1: A. 安娜比我小两岁 　　　　 B. 安娜小两岁比我

　　　　 C. 安娜比我两岁小 　　　　 D. 安娜两岁小比我

해설 | 이 문장은 比가 있어 비교문임을 알 수 있다. 비교문에서 구체적 수치를 나타내는 말들은 문장 제일 뒤에 온다. 따라서 이 문장에서 구체적 수치를 나타내는 "两岁"는 문장 제일 뒤에 와야 한다.

해석 | 안나는 나보다 두 살이 적다.

정답 | A

예제2: 这儿的冬天比北京冷 ＿＿＿＿ 了。

　　　　 A. 坏 　　　 B. 死 　　　 C. 多 　　　 D. 极

해설 | 이 문장은 比가 있어 비교문임을 알 수 있다. 비교문에서 대략적인 정도를 나타내는 말들은 보통 술어 뒤에 오는데, 주로 一点儿・一些・多了・得多 등과 같은 말들이 온다.

해석 | 이곳의 겨울은 베이징보다 훨씬 춥다.

정답 | C

▶ 주의 　比의 부정형식은 "A+不比+B+형용사"이다.

北方的夏天不比南方凉快。 북방의 여름은 남방보다 시원하지 않다.

他的汉语不比中国人说得差。(= 他的汉语说得不比中国人差。)

그의 중국어는 중국 사람과 차이가 없다.

┗→ 예제 : A. 今天的课昨天不比容易 　　　　 B. 今天的课比昨天不容易

　　　　 C. 今天的课昨天不容易比 　　　　 D. 今天的课不比昨天容易

해설 | 비교문에서 부정부사 不는 比 앞에 위치하여 "A+不+比+B+형용사" 형태로 사용된다. 문장에서 "今天的课"가 A가 되고 "昨天"이 B가 되므로 이들 사이에 "不比"가 들어가고 문장 맨 마지막에 형용사 "容易"가 이어져야 한다.

해석 | 오늘 수업은 어제보다 쉽지 않다.

정답 | D

(2) **A 比 B+<u>还/更</u>+형용사(강조)**

他<u>比</u>我<u>还</u>胖。 그는 나보다 더 뚱뚱하다.
这几天<u>比</u>前两天<u>更</u>热。 요 며칠은 이틀 전보다 더 덥다.

해설 | 이 문장은 比가 있어 비교문임을 알 수 있다. 比가 들어가는 비교문의 기본어순은 "A+比+B+형용사"이며, 형용사 앞에 更이나 还가 와서 강조를 나타낼 수 있다.
해석 | 시장의 물건은 백화점보다 훨씬 싸다.
정답 | C

(3) **A+比+B+<u>多/少/早/晚</u>+동사+구체적 수치**

他<u>比</u>我<u>早</u>来了十分钟。 그는 나보다 10분 일찍 왔다.
我<u>比</u>别的同学<u>多</u>上了一年高中。 나는 다른 학우보다 고등학교를 일 년 더 다녔다.

해설 | 비교문에서 단음절 형용사는 동사 앞에 위치한다. 따라서 이 문장에서 단음절 형용사인 早는 동사 到 앞에 와야 한다.
해석 | 나는 너희보다 조금 일찍 도착할 것이다.
정답 | C

(4) **A 比 B+동사+得+형용사(+<u>一点儿/一些/得多/多了</u>)**
= A+동사+得+比 B+得+형용사(+<u>一点儿/一些/得多/多了</u>)

他的汉语<u>比</u>你说得好。(=他的汉语说得<u>比</u>你好。) 그는 중국어를 너보다 잘한다.
这辆汽车<u>比</u>那辆跑得快一点儿。(=这辆汽车跑得<u>比</u>那辆快一点儿。)
이 차는 저차보다 빨리 달린다.

해설 | 정도보어 得가 들어간 비교문의 기본어순은 "A+比+B+동사+得+형용사"이다.
해석 | 이 방은 저 방보다 훨씬 깨끗하게 청소되어 있다.
정답 | A

2 | 기타 각종 비교문

(1) A 有/没有 B(+那么)+형용사

她<u>有</u>你那么<u>高</u>。 그녀는 너만큼 크다.
韩国的夏天<u>没有</u>中国那么<u>热</u>。（=中国的夏天<u>比</u>韩国热。）
한국의 여름은 중국만큼 그렇게 덥지 않다.

A 有/没有 B+동사+得(+那么)+형용사

我<u>没有</u>你跑得那么<u>快</u>。（=我跑得<u>没有</u>你那么<u>快</u>。）
나는 너만큼 그렇게 빨리 달리지 못한다.

智英的汉语<u>有</u>莉莉说得那么<u>好</u>。（=智英的汉语说得<u>有</u>莉莉那么<u>好</u>。）
지영이는 리리 만큼 중국어를 그렇게 잘한다.

예제1 : A. 这西瓜篮球有那么大　　　　B. 这西瓜有篮球那么大
　　　　C. 有这西瓜篮球那么大　　　　D. 这西瓜有那么篮球大

해설 | 이 문장은 有가 들어가는 비교문이다. 有가 들어가는 비교문의 어순은 "A+有+B(+那么)+술어" 형태가 된다.
단어 | 西瓜(xīguā) 수박
해석 | 이 수박은 농구공만큼 크다.
정답 | B

예제2 : A. 我没有那么你考得好　　　　B. 我没有你考得那么好
　　　　C. 我没有你那么考得好　　　　D. 我那么没有你考得好

해설 | 이 문장은 没有가 들어가는 비교문이다. 没有가 들어가는 비교문의 어순은 "A+没有+B+동사+得(+那么)+술어" 형태가 된다.
해석 | 나는 너만큼 시험을 그렇게 잘 치지 못했다.
정답 | B

(2) A 不如 B(+那么 +술어)

<u>坐车</u><u>不如</u><u>骑车</u>。 차를 타는 것은 자전거를 타는 것만 못하다.
他<u>不如</u>我那么<u>胖</u>。 그는 나만큼 뚱뚱하지 않다.

A 不如 B+동사+得(+那么)+형용사

这本书的内容<u>不如</u>那本书写得那么<u>详细</u>。

（=这本书的内容写得<u>不如</u>那本书那么<u>详细</u>。）

이 책의 내용은 저 책만큼 그렇게 상세하게 쓰여져 있지 않다.

食堂的饭菜<u>不如</u>妈妈做得好吃。（＝食堂的饭菜做得<u>不如</u>妈妈好吃。）
식당 밥은 엄마가 해 주신 만큼 맛있지 않다.

예제1 ： 北方水果 ______ 南方那么多。

　　A. 不同　　　B. 不跟　　　C. 不比　　　D. 不如

해설 | 문장 뒤에 "~那么多"가 있는 것으로 보아 이 문장은 "有(没有)" 혹은 "不如"가 들어간 비교문이라는 것을 알 수 있다. 不同은 "다르다"·"같지 않다"라는 의미이다.
해석 | 북방의 과일은 남방만큼 많지 않다.
정답 | D

예제2 ： A. 他说得不如我汉语流利　　　B. 他说汉语得不如我流利
　　　　C. 他说得汉语不如我流利　　　D. 他汉语说得不如我流利

해설 | 정도보어 得가 있고 "不如"가 들어간 비교문의 기본어순은 "A＋不如＋B＋동사＋得＋술어" 혹은 "A＋동사＋得＋不如＋B＋술어"이다. 문제에서는 후자의 어순에 해당한다.
해석 | 그는 중국어를 나만큼 유창하게 하지 못한다.
정답 | D

(3) A 跟／和 B＋一样／差不多 (＋형용사)

他的年龄<u>和</u>我<u>一样</u>。 그의 나이는 나와 같다.
姐姐<u>跟</u>妹妹<u>一样</u>漂亮。 언니는 동생처럼 예쁘다.
这本书的内容<u>跟</u>那本<u>差不多</u>。 이 책의 내용은 저 책과 거의 똑같다.

A 跟 B＋不一样 (부정형식)

他<u>跟</u>爸爸的性格<u>不一样</u>。 그는 아빠의 성격과 다르다.
他<u>不跟</u>爸爸的性格<u>一样</u>。（×）

예제1 ： A. 我的鞋一样大跟他的　　　B. 我的鞋他的跟一样大
　　　　C. 我的鞋跟他的一样大　　　D. 一样大我的鞋跟他的

해설 | 이 문장은 跟이 들어가는 비교문이다. 跟이 들어가는 비교문의 어순은 "A＋跟＋B＋一样 (差不多)＋술어" 형태가 된다.
해석 | 나의 신발은 그의 신발과 크기가 같다.
정답 | C

예제2 ： 她昨天买的那个照相机 ______ 我的一样。

　　A. 跟　　　B. 对　　　C. 照　　　D. 比

해설 | 문장 맨 끝에 "一样"이 있어 "A＋跟＋B＋一样＋술어" 형태의 비교문임을 알 수 있다. 따라서 괄호 안에는 跟이 들어가야 한다.
해석 | 그녀가 어제 산 그 카메라는 내 것과 같다.
정답 | A

1. A. 他不轻松多少比我　　B. 他不比我轻松多少
   C. 比我他不轻松多少　　D. 他比我多少不轻松

2. A. 我比他十斤重　　B. 我重十斤比他
   C. 重十斤我比他　　D. 我比他重十斤

3. A. 暖和得多那儿比这儿　　B. 那儿比这儿暖和得多
   C. 那儿暖和得多比这儿　　D. 比这儿那儿暖和得多

4. A. 姐姐比我多看了两本书　　B. 姐姐多比我看了两本书
   C. 姐姐比我看多了两本书　　D. 姐姐比我看了多两本书

5. A. 弟弟哥哥比跑得快一点儿　　B. 弟弟比哥哥跑得一点儿快
   C. 弟弟比哥哥跑得快一点儿　　D. 弟弟比哥哥快一点儿跑得

6. A. 在国外生活没有在国内方便　　B. 在国外生活没有方便在国内
   C. 在国外没有生活在国内方便　　D. 在国外方便没有在国内生活

7. 看样子今天比昨天 ______ 冷。

   A. 也　　B. 很　　C. 还　　D. 比较

8. 这棵树比那棵树 ______ 。

   A. 有一点儿粗　　B. 粗有一点儿　　C. 一点儿粗　　D. 粗一点儿

9. 我的学习方法 ______ 你的有点儿不一样。

   A. 比　　B. 比较　　C. 和　　D. 以及

10. 你买的这些水果不 ______ 我买的便宜。

    A. 像　　B. 比　　C. 比较　　D. 和

정답과 해설

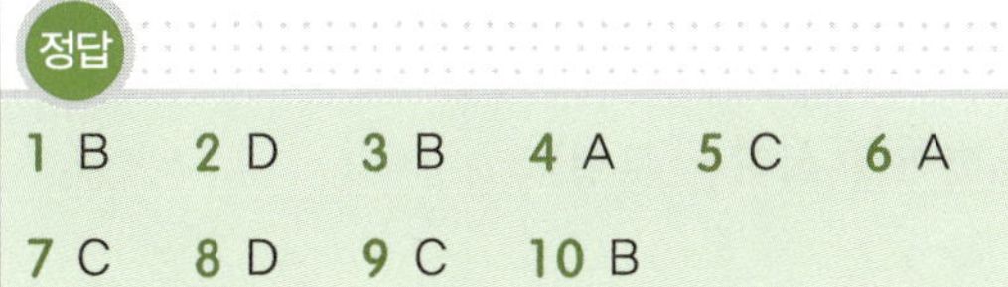

1 B	2 D	3 B	4 A	5 C	6 A
7 C	8 D	9 C	10 B		

1
해석 | 그는 나보다 얼마 수월하지 않다.
단어 | 轻松(qīngsōng) : 수월하다, 가뿐하다
해설 | 比가 들어가는 문장의 부정형식은 "A+不+比+B~" 형태가 된다.

2
해석 | 나는 그보다 10근 무겁다.
해설 | 比가 들어가는 비교문에서 구체적 수치는 술어 뒤, 즉 "A+比+B+술어+구체적 수치" 형태가 된다. 이 문장에서 十斤은 구체적 수치를 나타내므로 술어인 重 뒤에 와야 한다.

3
해석 | 그곳은 이곳보다 훨씬 따뜻하다.
해설 | 比가 들어가는 비교문에서 대략적인 정도를 나타내는 말은 술어 뒤, 즉 "A+比+B+술어+대략적인 정도" 형태가 된다. 이 문장에서 "~得多"는 대략적인 정도를 나타내므로 술어인 暖和 뒤에 와야 한다.

4
해석 | 언니는 나보다 책 두 권을 더 봤다.
해설 | 比가 들어가는 비교문에서 1음절형용사는 술어 앞에 위치한다. 이 문장에서 多는 1음절 형용사이므로 술어 看 앞에 와야 한다.

5
해석 | 남동생은 형보다 조금 빨리 달린다.
해설 | 정도보어 得가 들어간 비교문의 기본어순은 "A+比+B+동사+得+형용사+대략적인 정도"이다.

6
해석 | 국외에서 생활하는 것이 국내에서 생활하는 것만큼 편리하지 않다.
해설 | 이 문장은 没有가 들어간 비교문이다. 没有가 들어간 비교문의 어순은 "A+没有+B(+那么)+술어" 형태가 된다. 이 문장에서 술어는 方便이므로 문장 제일 뒤에 와야 한다.

7
해석 | 보아하니 오늘은 어제보다 더 추운 거 같다.
단어 | 看样子(kànyàngzi) : 보아하니
해설 | 比가 들어가는 비교문에서 강조를 나타낼 때에는 还나 更이 오며 위치는 술어 앞, 즉 "A+比+B+还(更)+술어" 형태가 된다. 이때 정도부사 很·非常·比较 등은 사용할 수 없음에 주의하자.

8
해석 | 이 나무는 저 나무보다 조금 굵다.
단어 | 棵(kē) : 그루(나무를 세는 양사)
粗(cū) : 굵다
해설 | 比가 들어가는 비교문에서 대략적인 정도를 나타내는 말은 술어 뒤, 즉 "A+比+B+술어+대략적인 정도" 형태가 된다. 이 문장에서 "一点儿"은 대략적인 정도를 나타내므로 술어 粗 뒤에 와야 한다.

9
해석 | 나의 공부 방법은 그의 공부 방법과 주금 다르다.
해설 | 문장 끝에 一样이 있어 "跟(和)+A+不一样" 형태의 비교문이라는 것을 알 수 있다.

10
해석 | 네가 산 이 과일들은 내가 산 것보다 싸지 않다.
해설 | 괄호 앞에 不가 있어 比가 들어가는 비교문의 부정형태임을 알 수 있다. 比较는 부사로써 "비교적"의 의미이다.

12

12 이중목적어 · 연동문 · 겸어문

1 | 이중목적어 (하나의 동사가 두 개의 목적어를 취하는 문형)

(1) 이중목적어를 가질 수 있는 동사

给 주다.   送 보내다.   教 가르치다.   告诉 알려주다.
借 빌리다.   还 돌려주다.   问 묻다.   叫 부르다.
找 거슬러주다.   偷 훔치다.

(2) 주어 + 동사 + 간접목적어(사람) + 직접목적어(사물)

小王告诉我一个好消息。 샤오왕은 나에게 좋은 소식 하나를 알려 주었다.
他送小李一张画儿。 그는 샤오리에게 그림 한 장을 보내 주었다.
昨天张大明借了老王十块钱。 어제 장대명은 라오왕에게 10원을 빌렸다.

> 예제 : A. 我朋友生日礼物送给我   B. 生日礼物我朋友送给我
>   C. 我朋友送给生日礼物我   D. 我朋友送给我生日礼物
>
> 해설 | 送은 간적목적어와 직적목적어를 동시에 취할 수 있는 단어이다. 따라서 送 뒤에 간접
> 목적어 我가 오고 이어 직접목적어 生日礼物가 와야 한다.
> 해석 | 내 친구가 나에게 생일 선물을 보냈다.
> 정답 | D

2 | 연동문 (하나의 주어에 두 개 혹은 두 개 이상의 동사로 구성된 문형)

(1) 주어 + 동사1 + 목적어1 + 동사2 + 목적어2

他们下课后回家了。 그들은 수업 마친 뒤 집에 갔다.
我找你一起吃饭。 나는 같이 밥 먹으려고 널 찾았다.

예제 : A. 他向我回过头招了招手　　　B. 他回过头招了招手向我
　　　C. 他回过头向我招了招手　　　D. 他向我招了招手回过头

해설 | 이 문장은 동사 回와 招가 연이어 나오는 연동문이다. 연동문의 어순은 먼저 발생되는 동작부터 나열한다. 따라서 먼저 "回过头"가 나오고 그 다음 "向我招了招手"가 나와야 한다.

단어 | 回过(huítóu) 고개를 돌리다　招手(zhāoshǒu) 손을 흔들다, 손짓하다

해석 | 그는 고개를 돌려 나에게 손을 흔들었다.

정답 | C

(2) 주어＋능원동사／부사＋동사1＋목적어1＋동사2＋목적어2

我想到你们那儿看看。 나는 너희들이 있는 곳에 가서 좀 보고 싶다.

我没去商店买东西。 나는 상점에 물건을 사러 가지 않았다.

예제1 : A. 我下午要买本书去书店　　　B. 我下午买本书要去书店
　　　C. 我下午要去书店买本书　　　D. 我下午去书店要买本书

해설 | 이 문장은 동사 买와 去가 연이어 나오는 연동문이다. 연동문에서의 어순은 먼저 행해지는 동작부터 출현하고 그 다음 행해지는 동작이 이어 출현한다. 문장의 의미상 서점에 가야 책을 살 수 있는 것이므로 서점에 가야 되는 동작이 먼저 나오고 그 다음 책을 사는 동작이 나와야 한다. 要는 조동사로, 연동문에서 조동사는 첫 번째 동사 앞에 온다.

해석 | 나는 오후에 서점에 가서 책을 한 권 사려고 한다.

정답 | C

예제2 : A. 她马上去医院就看病　　　B. 她马上去医院看病就
　　　C. 她马上就去医院看病　　　D. 马上就她去医院看病

해설 | 이 문장은 하나의 주어에 동사 去와 看이 연이어 나오는 연동문이다. 연동문에서의 어순은 먼저 행해지는 동작부터 출현하고 그 다음 행해지는 동작이 이어 출현하게 된다. 문장의 의미상 병원에 가야 진찰을 받을 수 있는 것이므로, 去医院이 먼저 오고 그 다음 看病이 온다.

해석 | 그녀는 바로 병원에 가서 진찰을 받았다.

정답 | C

(3) 有＋목적어1＋동사＋목적어2

我有事找你。 나는 일이 있어 널 찾았다.

我有办法解决这样的问题。 나는 이런 문제를 해결할 방법이 있다.

예제 : A. 我要有几个问题向你问清楚　B. 我要向你清楚问有几个问题
　　　C. 我要向你有几个问题问清楚　D. 我有几个问题要向你问清楚

해설 | 이 문장은 동사 有와 问이 연이어 나오는 연동문이다. 연동문에서는 먼저 발생하는 일부터 앞에 나오게 된다. 따라서 "有几个问题"가 먼저 나오고 그 다음 "要向你问~"가 이어져야 한다.

해석 | 나는 문제가 있어 너에게 가르침을 청하려고 한다.

정답 | D

3 | 겸어문 (앞 동사의 목적어가 뒤 문장의 주어를 겸하고 있는 문형)

(1) 주어＋겸어동사(让／叫／使／令／请／派…)＋겸어＋동사＋목적어

妈妈让我去市场上买些菜。 엄마는 나로 하여금 시장에 가서 채소를 좀 사게 했다.

公司派他去中国出差。 회사에서 그를 중국 출장 보냈다.

小明的成绩令爸爸很生气。 샤오밍의 성적은 아빠를 화나게 했다.

예제1： A. 从楼上他下来了我看见　　　　　B. 他从楼上下来了我看见

C. 我看见他从楼上下来了　　　　　D. 我看见从楼上他下来了

해설 | 이 문장에서 他가 겸어가 되고 있다. 즉 앞부분에서는 목적어, 뒷부분에서는 주어가
되고 있다. 겸어문의 어순은 "주어+동사+겸어+동사2+목적어"이다

해석 | 나는 그가 위층에서 내려오고 있는 것을 보았다.

정답 | C

예제2： 医生______他在家休息两天。

A. 说　　　B. 让　　　C. 请　　　D. 使

해설 | 문장의 의미상 사역의 의미가 들어가야 한다. 보기에서 사역의 의미를 가지고 있는 단어
는 让과 使이다. 让은 시킴이나 부림을 나타내고, 使는 어떤 일로 어떤 결과를 야기내지
초래했음을 주로 나타낸다. 他让我转告你.(그가 나보고 너에게 알려주라고 했어), 那个
消息使他很高兴. (이 소식은 그로 하여금 아주 기쁘게 했다.) 이 문장은 의사선생님이
그에게 쉬라고 시킨 의미가 강하다고 볼 수 있기 때문에 让이 와야 한다.

해석 | 의사 선생님께서 그러더 집에서 이틀 쉬라고 했다.

정답 | B

(2) 주어＋능원동사／부사＋겸어동사＋겸어＋동사＋목적어

我可以帮你检查一下。 내가 잠깐 검사하는 것을 도와줄 수 있다.

父母不让我抽烟。 부모님은 나에게 담배를 못 피우게 하신다.

예제： A. 领导表扬他经常工作认真　　 B. 领导表扬他工作经常认真

C. 领导表扬他工作认真经常　　 D. 领导经常表扬他工作认真

해설 | 이 문장에서 他가 겸어가 되고 있다. 즉 앞부분에서는 목적어, 뒷부분에서는 주어가
되고 있다. 겸어문의 어순은 "주어+동사+겸어+동사2+목적어"이다. 또 经常은 부
사이기 때문에 첫 번째 동사 앞에 위치해야 한다.

단어 | 领导(lǐngdǎo) : 지도자, 영도자　表扬(biǎoyáng) : 표창하다, 표양하다

해석 | 임원들은 그가 평상시 일을 열심히 하는 것을 표창하였다.

정답 | D

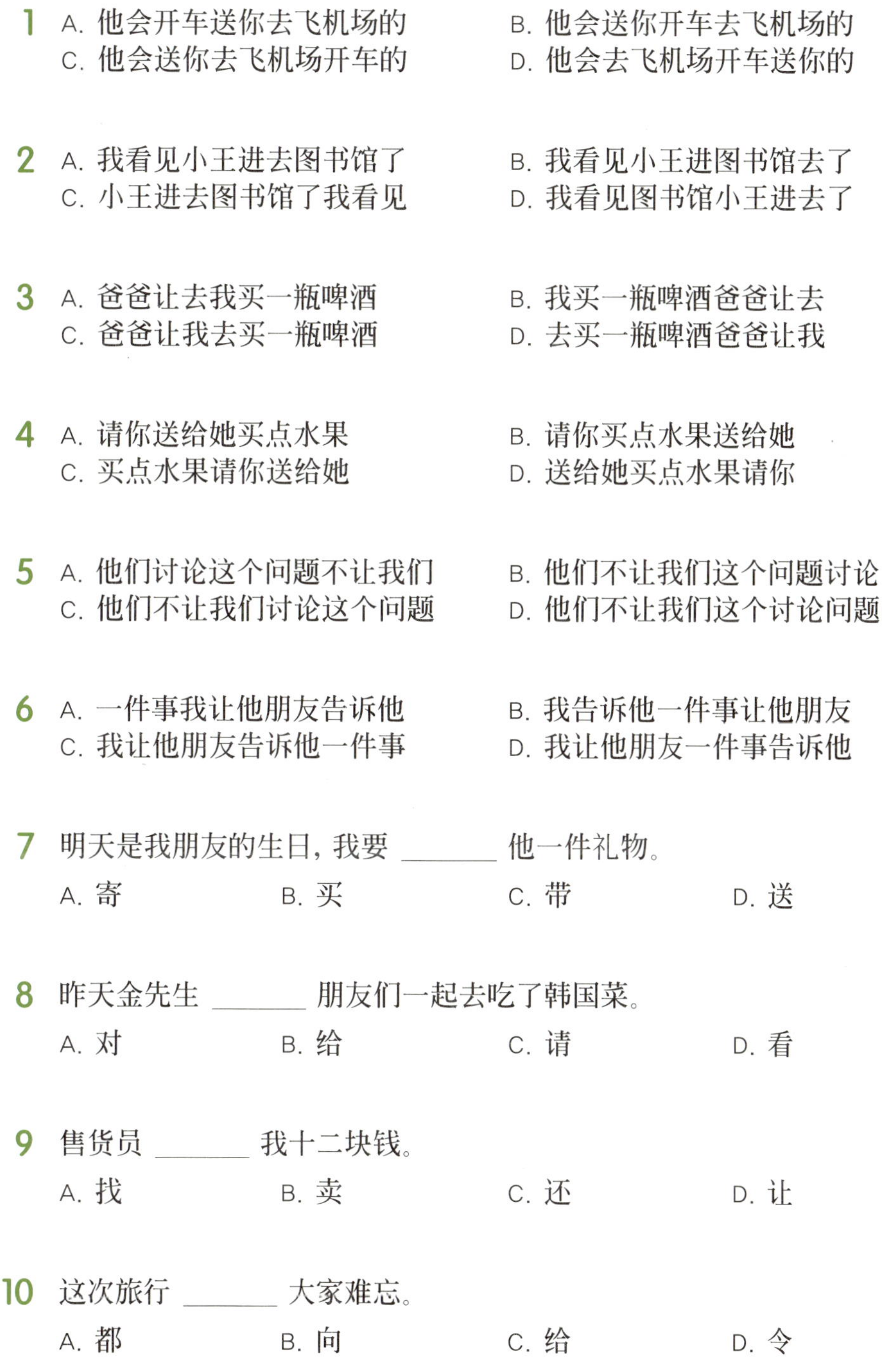

1 A. 他会开车送你去飞机场的　　　　B. 他会送你开车去飞机场的
　 C. 他会送你去飞机场开车的　　　　D. 他会去飞机场开车送你的

2 A. 我看见小王进去图书馆了　　　　B. 我看见小王进图书馆去了
　 C. 小王进去图书馆了我看见　　　　D. 我看见图书馆小王进去了

3 A. 爸爸让去我买一瓶啤酒　　　　　B. 我买一瓶啤酒爸爸让去
　 C. 爸爸让我去买一瓶啤酒　　　　　D. 去买一瓶啤酒爸爸让我

4 A. 请你送给她买点水果　　　　　　B. 请你买点水果送给她
　 C. 买点水果请你送给她　　　　　　D. 送给她买点水果请你

5 A. 他们讨论这个问题不让我们　　　 B. 他们不让我们这个问题讨论
　 C. 他们不让我们讨论这个问题　　　 D. 他们不让我们这个讨论问题

6 A. 一件事我让他朋友告诉他　　　　 B. 我告诉他一件事让他朋友
　 C. 我让他朋友告诉他一件事　　　　 D. 我让他朋友一件事告诉他

7 明天是我朋友的生日，我要 ______ 他一件礼物。

　 A. 寄　　　　　 B. 买　　　　　 C. 带　　　　　 D. 送

8 昨天金先生 ______ 朋友们一起去吃了韩国菜。

　 A. 对　　　　　 B. 给　　　　　 C. 请　　　　　 D. 看

9 售货员 ______ 我十二块钱。

　 A. 找　　　　　 B. 卖　　　　　 C. 还　　　　　 D. 让

10 这次旅行 ______ 大家难忘。

　 A. 都　　　　　 B. 向　　　　　 C. 给　　　　　 D. 令

정답과 해설

1 A	2 B	3 C	4 B	5 C	6 C
7 D	8 C	9 A	10 D		

1 해석 | 그는 차로 너를 공항까지 배웅해 줄 거야.
해설 | 이 문장은 동사 开, 送, 去가 연이어 나오는 연동문이다. 연동문에서는 먼저 발생하는 일부터 나오므로 "开车" → "送你" → "去飞机场" 순으로 문장이 이어져야 한다.

2 해석 | 나는 샤오왕이 도서관에 들어가는 것을 봤다.
해설 | 이 문장은 小王이 겸어가 되고 있는 겸어문이다. 겸어문의 어순은 "주어＋겸어동사＋겸어＋동사＋목적어"이다. 또 도서관은 장소목적어이므로 방향보어는 "동사＋장소목적어＋□" 순으로 들어가야 한다.

3 해석 | 아빠는 나로 하여금 맥주 한 병을 사오게 했다.
해설 | 이 문장은 让이 있어 겸어문임을 알 수 있다. 让이 들어간 겸어문의 어순은 "주어＋让＋겸어＋동사＋목적어"순이다.

4 해석 | 당신이 과일을 좀 사서 그녀에게 보내 주세요.
해설 | 이 문장은 동사 买와 送이 연이어 나오는 연동문이다. 연동문에서는 먼저 발생하는 일이 먼저 나오게 된다. 따라서 어순은 "买点儿水果" → "送给你"순이 된다.

5 해석 | 그들은 우리들로 하여금 이 문제를 토론하지 못하게 했다.

단어 | 讨论(tǎolǔn) : 토론하다
해설 | 이 문장은 让이 있어 겸어문임을 알 수 있다. 让이 들어간 겸어문의 어순은 "주어＋让＋겸어＋동사＋목적어"순이다. 不는 부사이기 때문에 让 앞에 위치한다.

6 해석 | 나는 그의 친구로 하여금 그에게 한 가지 일을 알려 주도록 했다.
해설 | 이 문장은 让이 있고 我们이 겸어가 되고 있는 겸어문임을 알 수 있다. 让이 들어간 겸어문의 어순은 "주어＋让＋겸어＋동사＋목적어"순이 된다. 또 이곳의 동사 告诉는 목적어를 동시에 두 개 취할 수 있는 단어이기 때문에 "~告诉他一件事"가 되어야 한다.

7 해석 | 내일은 내 친구의 생일이다, 나는 그에게 선물 하나를 보내려고 한다.
해설 | 괄호 뒤에 간접목적어 他와 직접목적어 一件礼物가 있어 앞의 괄호에는 두 개의 목적어를 취할 수 있는 단어가 와야 한다. 보기 중에 목적어를 두 개 취할 수 있는 단어는 送 뿐이다.

8 해석 | 어제 김 선생님은 친구들을 청해 함께 한국음식을 먹으러 갔다.
해설 | 이 문장은 朋友们이 겸어가 되는 겸어문이다. 보기 중에 겸어문에 쓰이는 단어는 请이다. 또 의미상으로도 "청하다"라는 뜻이므로 请이 와야 한다.

9 해석 | 판매원은 나에게 12위안을 거슬러 주었다.
해설 | 문장의 의미상 "거슬러 주다"라는 뜻이 들어가야 하므로 找가 와야 한다.

10 해석 | 이번 여행은 사람들로 하여금 잊기 어렵게 한다.
해설 | 문장의 의미상 사역의 의미이므로 令이 들어가야 한다.

1 │ 把자문

(1) 주어＋把＋목적어＋(给)＋동사＋보충성분

▶**주의** 이때 给는 강조 역할을 할 뿐 의미는 없다

快**把**他叫来。 빨리 그를 불러라.
把你的房间整理一下儿。 너의 방을 한번 정리해라.

예제1 | A. 我把这件事一定办好　　　　　B. 我把这件事办好一定
　　　　C. 我一定把这件事办好　　　　D. 我一定办好把这件事

해설 | 把자문의 기본형식은 "把＋명사(목적어)＋동사"이다. 따라서 把자문의 이순을 묻는 문제에서는 "명사＋동사" 구조로 된 문장을 찾으면 된다. 이 문장에서 명사는 这件事이고, 동사는 办이 된다. 一定은 부사이기 때문에 把자 앞에 위치한다.
해석 | 나는 반드시 이 일을 다 처리해야 한다.
정답 | C

예제2 | 他＿＿＿＿＿我要说的话都说完了。
　　　　A. 把　　　B. 被　　　C. 由　　　D. 为

해설 | 문장의 의미상 "我要说的话"는 목적어이기 때문에 그 앞에 把가 와야 한다.
해석 | 그는 내가 하려고 한 말을 모두 다했다.
정답 | A

(2) 주어＋시간사／부사／능원동사＋把＋목적어＋동사＋보충성분

我明天**把**自行车还给你。 내가 내일 자전거 너에게 돌려줄게.
他想**把**窗户打开。 그는 창문을 열고 싶어 한다.

예제 | A. 我把汽车得开回家　　　　　B. 我得把汽车开回家
　　　　C. 我把汽车开得回家　　　　D. 我得开回家把汽车

(3) 주어＋把＋목적어1＋동사＋<u>在 / 到 / 给 / 成</u>＋목적어2

妹妹<u>把</u>大衣挂<u>在</u>衣架上了。　여동생은 외투를 옷걸이에 걸었다.

她<u>把</u>汽车开<u>到</u>大门口了。　그녀는 자동차를 정문까지 몰았다.

我<u>把</u>学费交<u>给</u>王老师了。　나는 학비를 왕 선생님께 냈다.

他们<u>把</u>邮局当<u>成</u>了银行。　그들은 우체국을 은행으로 간주했다.

예제 : A. 请把学费你明天到办公室交　B. 请你明天把学费交到办公室
　　　C. 明天请你到办公室把学费交　D. 明天请你交到办公室把学费

2 ｜ 피동문

(1) 주어＋被 / 叫 / 让＋목적어＋(给)＋동사＋보충성분

衣服都<u>被</u>雨淋湿了。　옷이 비에 흠뻑 젖었다.

墨水瓶<u>叫</u>弟弟打翻了。　잉크병이 동생에 의해서 엎어졌다.

门<u>让</u>大风吹开了。　문이 바람에 의해 열려졌다.

예제1 : A. 我的自行车被借走了小王　B. 我的自行车被小王借走了
　　　C. 小王被我的自行车借走了　D. 我的自行车借走了被小王

예제2 : 我的杯子不知道______谁拿走了。

A. 叫　　　B. 由　　　C. 把　　　D. 为

해설 | 이 문장은 의미상 피동문이다. 보기 중에 피동의 의미를 가지고 있는 것은 叫이다.
해석 | 내 잔을 누가 가져갔는지 모르겠다.
정답 | A

(2) 주어＋被＋동사＋보충성분

▶주의　이때 被 대신 叫/让을 쓸 수 없다. 叫·让을 쓸 경우 반드시 목적어가 있어야 한다.

我的自行车被偷了。　　　　　（○）　　　我的自行车叫(让)偷了。　　　　　（×）
내 자전거 도둑맞았다.
我的自行车被小偷偷走了。　（○）　　　我的自行车叫(让)小偷偷走了。
내 자전거 도둑에게 도둑맞았다.

예제 : 那棵大树昨天______刮倒了。

A. 叫　　　B. 被　　　C. 把　　　D. 让

해설 | 이 문장은 피동의 의미이고, 동사가 바로 나오고 있어 被가 들어가야 한다. 叫와 让에도
　　　 피동의 의미가 있으나 반드시 목적어가 있어야 하며 동사를 바로 취하지는 못한다.
단어 | 倒(dǎo) 쓰러지다, 넘어지다
해석 | 그 큰 나무가 어제 바람에 불려 넘어갔다.
정답 | B

(3) 주어＋시간사/부사/능원동사＋被/叫/让＋목적어＋동사＋보충성분

他的自行车昨天被人骑走了。　그의 자전거는 어제 다른 사람이 타고 갔다.
你会被他骗的。　너는 그에게 속을 것이다.
我们的申请没被批准。　우리들의 신청은 허락되지 않았다.

예제 : A. 小女孩差点儿被出租车撞倒了
　　　 B. 差点儿撞倒了小女孩被出租车
　　　 C. 小女孩撞倒了被出租车差点儿
　　　 D. 出租车撞倒了小女孩被差点儿

해설 | 이 문장은 被가 있어 피동문임을 알 수 있다. 또 差点儿은 부사로써 被 앞에 위치해야
　　　 한다.
단어 | 差点儿(chàdiǎnr) 하마터면　　撞(zhuàng) 부딪치다
해석 | 여자 아이가 하마터면 택시에 치일 뻔했다.
정답 | A

1
A. 请你在这儿把名字写
B. 请你把名字写在这儿
C. 请你写在这儿把名字
D. 请你写把名字在这儿

2
A. 要把电视不搞坏了
B. 把电视不要搞坏了
C. 不要把电视搞坏了
D. 不要搞坏了把电视

3
A. 你把那本书能拿给我吗
B. 你能把那本书拿给我吗
C. 你把那本书能给我拿吗
D. 你能那本书把我拿给吗

4
A. 你应该把这个问题搞清楚
B. 你把这个问题应该搞清楚
C. 你应该搞清楚把这个问题
D. 你搞清楚应该把这个问题

5
A. 我把他的衣服弄脏了
B. 把他的衣服我弄脏了
C. 我弄脏了把他的衣服
D. 他的衣服把我弄脏了

6
A. 我让邮票贴在信封上了
B. 我让在信封上贴了邮票
C. 邮票让我贴在信封上了
D. 邮票让我在信封上贴了

7
A. 他被早就给吃了面包
B. 他被给面包早就吃了
C. 面包早就被他给吃了
D. 面包早就给他被吃了

8
A. 今天的报借走了被他
B. 被他今天的报借走了
C. 被他借今天的报走了
D. 今天的报被他借走了

9　受伤的人 ＿＿＿＿＿ 送到医院了。
　　A. 叫　　　　B. 把　　　　C. 让　　　　D. 被

10　这一大盘蛋糕都 ＿＿＿＿＿ 弟弟吃完了。
　　A. 对　　　　B. 让　　　　C. 由　　　　D. 把

11　妹妹 ＿＿＿＿＿ 房间打扫干净了。
　　A. 让　　　　B. 把　　　　C. 被　　　　D. 由

정답과 해설

1 B	2 C	3 B	4 A	5 A	6 C
7 C	8 D	9 D	10 B	11 B	

1
해석 | 이름을 여기에 쓰세요.
해설 | 이 문장은 문중에 把가 있어 把자 구문임을 알 수 있다. 把가 들어가는 문장의 어순은 "주어＋把＋목적어＋동사＋보충성분"이다.

2
해석 | TV를 고장 내지 마세요.
단어 | 搞(gǎo) : 하다, ～을 하다
坏(huài) : 망치다, 고장 내다
해설 | 把자 구문에서 부정부사와 능원동사는 모두 把 앞에 오며, 그 어순은 "주어＋부사＋능원동사＋把＋목적어＋동사＋보충성분"순이 된다.

3
해석 | 너 그 책을 나에게 가져다 줄 수 있니?
해설 | 우선 能은 능원동사이기 때문에 把 앞에 위치해야 한다. 또 把가 들어가는 문장의 어순은 "把＋목적어＋동사＋보충성분"순이다.

4
해석 | 너는 이 문제를 분명하게 해야 한다.
해설 | 把자 구문에서 능원동사는 把 앞에 온다. 따라서 능원동사 应该는 把자 앞에 와야 한다.

5
해석 | 나는 그의 옷을 더럽혔다.
단어 | 弄(nòng) : ～하게 하다
해설 | 이 문장은 문중에 把가 있어 把자 구문임을 알 수 있다. 把가 들어가는 문장의 어순은 "주어＋把＋목적어＋동사＋보충성분"이다.

6
해석 | 나는 우표를 편지봉투에 붙였다.
단어 | 贴(tiē) : 붙이다
해설 | 이 문장은 문중에 让이 있어 피동문임을 알 수 있다. 피동문의 어순은 "주어＋被/让/叫＋목적어＋동사＋보충성분"이다.

7
해석 | 그가 빵을 일찌감치 다 먹어 버렸다.
해설 | 우선 早就는 부사이기 때문에 被 앞에 위치해야 한다. 또 给가 피동문에 쓰일 경우 목적어와 동사 사이에 위치하여 강조의 의미를 나타내며 그 자체 의미는 없다. 그 피동문의 어순은 "주어＋被/让/叫＋목적어＋给＋동사＋보충성분"이 된다.

8
해석 | 오늘의 신문 그가 빌려 갔다.
해설 | 이 문장은 被가 있어 피동문임을 알 수 있다. 피동문의 어순은 "주어＋被/让/叫＋목적어＋동사＋보충성분"이다. 이 문장에서 주어는 "今天的报"가 된다.

9
해석 | 부상 당한 사람들은 병원으로 보내졌다.
단어 | 受伤(shòushāng) : 부상을 당하다, 상처를 입다
해설 | 괄호 뒤에 送이라는 동사를 바로 취할 수 있는 단어는 被밖에 없다. 叫와 让에도 피동의 의미가 있지만 동사가 바로 올 수 없으며 뒤에 반드시 목저어가 있어야 한다. 被는 뒤에 목적어가 와도 되고 동사가 바로 와도 된다.

10
해석 | 남동생이 이 큰 케이크를 다 먹었다.
단어 | 盘(pán) : 판, 그릇
蛋糕(dàngāo) : 케이크
해설 | 문장의 의미상 피동의 의미이다. 따라서 让이 와야 한다. 由에는 "～로부터"ㆍ"～가 …한다."라는 의미가 있다.

11
해석 | 여동생은 방을 깨끗하게 청소했다.
단어 | 打扫(dǎsǎo) : 청소하다
해설 | 문장의 의미상 房间이 목적어로 앞으로 도치된 경우이므로 把가 와야 한다.

语法结构

(40题，40分钟)

✳ 第 一 部 分

说明：51-70题，每个题里都有ABCD四个句子，请你找出唯一正确的句子。

例如：51. A. 电话修好了已经

B. 已经电话修好了

C. 电话已经修好了

D. 修好了电话已经

个题正确的句子是C，请在答卷上找到号码53，在字母C上画一横道。

51. [A]　　　[B]　　　■■■　　　[D]

51　A. 小王每天早上跑步六点　　　B. 小王跑步每天早上六点
　　C. 小王跑步六点每天早上　　　D. 小王每天早上六点跑步

52　A. 我是不会再去你们家的　　　B. 我再去你们家的是不会
　　C. 我去你们家是不会再的　　　D. 我是不会去你们家再的

53　A. 我们都没休息过连一天　　　B. 我们都连一天没休息过
　　C. 我们连一天都没过休息　　　D. 我们连一天都没休息过

54　A. 我得把作业做完了再出去　　　B. 我把作业得做完再出去了
　　C. 我得做完了把作业再出去　　　D. 我再得把作业做了出去了

55
A．这事不能叫别人知道 B．叫别人不能知道这事
C．这事叫别人不能知道 D．别人不能叫这事知道

56
A．我刚才见他走进去商店了 B．刚才我见他走进商店去了
C．刚才我见他走商店进去了 D．刚才商店我见他走进去了

57
A．这孩子走路得很快走 B．这孩子很快走路走得
C．这孩子走路走得很快 D．这孩子走走路得很快

58
A．公司派来学习他 B．公司派他来学习
C．公司派来他学习 D．他派公司学习来

59
A．我没有想家你那么 B．我没有那么想家你
C．我没有你那么想家 D．我想家你没有那么

60
A．为什么不能这样做呢 B．不能为什么这样做呢
C．这样做为什么不能呢 D．这样做不能为什么呢

61
A．这本书不怎么有意思 B．有这本书不怎么意思
C．这本书有意思不怎么 D．有意思不怎么这本书

62
A．我睡了觉就看完这个节目 B．我看完了这个节目就睡觉
C．我看了完这个节目就睡觉 D．我看完这个节目就睡了觉

63
A．她那些汉字又写了一遍 B．她又一遍写了那些汉字
C．她那些汉字又一遍写了 D．她又写了一遍那些汉字

64
A．我们一起没有去过旅游长城 B．我们没有一起游览去过长城
C．我们没有一起去游览过长城 D．我们没有一起去游览长城过

65
A．他等了你说完再说 B．他说完了等你再说
C．等他说完了你再说 D．等了他说完你再说

66

A. 昨天我写了一个小时多写作业　　B. 昨天我写作业写了一个多小时

C. 昨天我写作业写一个小时多了　　D. 昨天我写了作业写一个多小时

67

A. 小李想说什么就非说不可　　B. 小李非想说就说什么不可

C. 小李不可想说什么就非说　　D. 小李想说什么非说不可就

68

A. 我使这本书了解了中国　　B. 这本书使我了解了中国

C. 这本书使我中国了解了　　D. 我使中国了解了这本书

69

A. 每天爷爷都起床早早儿地　　B. 爷爷都每天早早儿地起床

C. 每天爷爷都早早儿地起床　　D. 每天都早早儿地爷爷起床

70

A. 你把这篇文章帮我能翻译成韩文吗

B. 你能帮我翻译成韩文把这篇文章吗

C. 把这篇文章你能翻译成韩文帮我吗

D. 你能帮我把这篇文章翻译成韩文吗

✳ 第 二 部 分

说明：**71-90** 题，每句话中都有一个空儿，每个空儿都有ABCD四个答案，请根据上下文的意思选择一个恰当的答案。

例如：**75** 我＿＿＿喜欢吃中国菜。

　　　　A. 都

　　　　B. 很

　　　　C. 又

　　　　D. 再

这一题的正确答案是B, 你应在答卷上找到号码75, 在字母B上画一横道。

　　　75. [A]　　　　[C]　　[D]

71　广播_____正放着流行音乐呢。

　　A．内　　　　　B．下　　　　　C．里　　　　　D．外

72　对你们的看法我没_____可说的。

　　A．怎么　　　　B．什么　　　　C．这么　　　　D．那么

73　他看_____看窗外，没有说话。

　　A．的　　　　　B．着　　　　　C．了　　　　　D．得

74　只有你亲自去一趟，_____解决不了问题。

　　A．终于　　　　B．如果　　　　C．否则　　　　D．所以

75　天上没有云怎么_____下雨呢？

　　A．会　　　　　B．应该　　　　C．想　　　　　D．可以

76　颐和园你去过几_____了？

　　A．遍　　　　　B．下　　　　　C．次　　　　　D．场

77　上次来旅游，我们也住在这_____宾馆里面。

　　A．间　　　　　B．家　　　　　C．所　　　　　D．号

78　我有点儿发烧，你能_____我跟老师请个假吗？

　　A．替　　　　　B．给　　　　　C．对　　　　　D．向

79　事情的经过你都跟他说了，_____？

　　A．行不行　　　B．好不好　　　C．能不能　　　D．是不是

80　我刚进门，母亲就_____我去买东西。

　　A．让　　　　　B．被　　　　　C．把　　　　　D．由

81　小金不在，你明天_____来吧。

　　A．就　　　　　B．又　　　　　C．才　　　　　D．再

82 看起来很简单，_____不是那么回事。

A．其实　　　　B．果然　　　　C．本来　　　　D．到底

83 你来得不算晚，我们也是 _____来。

A．马上　　　　B．立刻　　　　C．刚才　　　　D．刚

84 今天哪，咱们把房间打扫得 _____的，让你妈妈回来高兴高兴。

A．干净干净　　　B．干干净净　　　C．干净　　　D．干净一些

85 他的变化太大了，我差点儿没认_____。

A．出来　　　　B．起来　　　　C．过来　　　　D．上来

86 报纸上的字那么小，爷爷不戴眼镜_____。

A．看不懂　　　B．看不完　　　C．看不到　　　D．看不了

87 玛丽坐_____沙发上看报。

A．着　　　　　B．了　　　　　C．过　　　　　D．在

88 她写汉字比哥哥写得 _____漂亮。

A．非　　　　　B．更　　　　　C．很　　　　　D．真

89 他每天_____进门_____开电视。

A．一边…一边…　　　　　　B．又…又…

C．不是…就是…　　　　　　D．一…就…

90 _____我怎么问他，他_____不说实话。

A．尽管…但是…　　　　　　B．因为…所以…

C．无论…都…　　　　　　　D．只要…就…

정답과 해석

51 D	52 A	53 D	54 A	55 A	56 B
57 C	58 B	59 C	60 A	61 A	62 B
63 D	64 C	65 C	66 B	67 A	68 B
69 C	70 D	71 C	72 B	73 C	74 C
75 A	76 C	77 B	78 A	79 D	80 A
81 D	82 A	83 D	84 B	85 A	86 D
87 D	88 B	89 D	90 C		

51 샤오왕은 매일 아침 6시에 달리기를 한다.

52 나는 다시는 너희들 집에 가지 않을 것이다.

53 우리들은 하루도 쉬어 본 적이 없다.

54 나는 숙제를 다해 놓고 나가야 한다.

55 이 일 사람들이 알면 안 된다.

56 방금 나는 그가 상점으로 들어가는 것을 보았다.

57 이 아이는 아주 빨리 걸었다.

58 회사는 공부하도록 그를 파견했다.

59 나는 너만큼 그렇게 집 생각이 나지 않는다.

60 이렇게 하는 것은 왜 안 되는가요?

61 이 책은 재미가 별로 없다.

62 나는 이 프로그램을 다 보고 잤다.

63 그녀는 그 한자들을 또 한번 썼다.

64 우리는 만리장성을 함께 여행한 적이 없다.

65 그가 말을 다하고 나서 네가 말해.

66 어제 나는 한 시간여 동안 숙제를 했다.

67 샤오리는 하고 싶은 말이 있으면 반드시 한다.

68 이 책은 나로 하여금 중국을 이해하게 해주었다.

69 할아버지께서는 매일 아주 일찍 일어나신다.

70 너 이 문장을 한국어로 번역하는 거 도와줄 수 있니?

71 방송에서 마침 유행음악을 틀어 주고 있다.

72 너희들의 의견에 대해 나는 뭐 말할 것이 없다.

73 그는 창밖을 한번 보고, 말이 없었다.

74 네가 직접 한번 가야 돼, 그렇지 않으면 문제를 해결할 수 없어.

75 하늘에 구름도 없는데 어떻게 비가 올 수 있겠어?

76 이화원에 너는 몇 번 가 봤었니?

77 지난번 여행 때 우리도 이 호텔에 묵었었어.

78 나는 열이 좀 있어, 네가 날 대신해서 선생님께 조퇴를 청해 줄 수 있겠니?

79 일의 경과를 너 벌써 그에게 말했지, 그렇지?

80 내가 막 집에 오자, 엄마는 나더러 물건을 사러 가게 했다.

81 샤오진은 부재중이니 내일 다시 오세요.

82 보아하니 아주 간단한 것 같은데, 사실 꼭 그
런 것은 아니다.

83 당신은 그렇게 늦게 온 게 아니다, 우리도 방
금 왔다.

84 오늘 우리들은 방을 깨끗하게 청소했다, 엄
마가 돌아와서 아주 기뻐했다.

85 그의 변화는 아주 컸다, 나는 하마터면 알아
보지 못했을 뻔했다.

86 신문의 글자 너무 작아서, 할아버지께서는
안경을 쓰지 않으면 볼 수 없다.

87 메리는 소파에 앉아 신문을 보고 있다.

88 그녀는 오빠보다 한자를 더 예쁘게 쓴다.

89 그는 매일 집에 오면 TV를 켠다.

90 내가 그에게 어떻게 물어봐도 그는 사실대로
말하지 않는다.

A 啊 矮 爱 爱人 安静 安排

B 八 把 爸爸 吧 白 百 摆 班 搬 半 半天 办 办法 办公室 帮助 饱 杯 杯子 北 北边 倍 被 本 本子 比 比较 比 笔 必须 边 变 变成 变化 遍 表 表示 表现 表演 表扬 别 别的 别人 病 不 不错 不但 不久 不如 不同 不要 不用 布 部分

C 擦 才 菜 参观 参加 操场 草 层 茶 查 差 常 常常 长 场 唱 朝 车 车站 城 城市 成 成绩 吃 迟到 抽 出 出发 出来 出去 出现 出租汽车 除了…以外 穿 船 窗 窗户 床 吹 春 春天 磁带 带 词 词典 次 从 从…到 从…起 从前 错 错误

打 打算 大 大概 大家 大声 大学 大夫 戴 带 代表 但是 当 当 当然 刀 倒 到 道 道理 得 得到 的 地 得 得 很 得 灯 等 等 低 地 地方 第 弟弟 点 点 点 点心 点钟 电 电车 电灯 电话 电视 电影 掉 丢 东 东边 冬 冬天 懂 动 动物 都 读 短 锻炼 段 对 对 对不起 顿 多 多 多 多么 多少

E 饿 而且 儿子 二

F 发 发烧 发生 发现 发展 法语 翻 翻译 反对 饭 饭店 方便 方法 方面 方向 房间 访问 放 放假 非常 飞 飞机 分 分 …分之… 分钟 丰富 封 风 夫人 服务 服务员 辅导 复习 复杂 父亲 负责 附近

G 该 改 改变 干净 感到 感冒 感谢 敢 干 干部 刚 刚才 钢笔 高 高兴 搞 告诉 哥哥 歌 个 各 各种 给 根 跟 更 工厂 工人 工业

工作 公共汽车 公斤 公里 公园 够 姑娘 故事 刮 挂 关 关系 关心 馆 广播 贵 贵姓 国 国家 过 过 过来 过去 过去

H 哈哈 还 还是 孩子 海 寒假 喊 汉语 汉字 好 好 好吃 好处 好看 好像 号 喝 和 合适 河 黑 黑板 很 红 后 后边 忽然 湖 互相 花 花 画 画儿 化学 话 坏 欢迎 还 换 黄 回 回 回答 回来 回去 会 会 会话 活 活 活动 火车 或者

J 基本 基础 机场 机会 机器 鸡 鸡蛋 …极了 集合 急 挤 几 技术 寄 计划 记 继续 家 家庭 加 坚持 间 检查 简单 见 见面 件 健康 建设 将来 江 讲 交 教 脚 角 饺子 教室 教育 叫 叫 接 接着 街 节 节目 节日 结果 结束 解决 姐姐 借 介绍 斤 今年 紧 紧张 进 进来 进去 进行 近 精彩 精神 经常 经过 经济 经验 久 九 酒 旧 就 橘子 举 句 句子 觉得 决定

K 咖啡 卡车 开 开始 开玩笑 开学 看 看病 看见 考试 棵 科学 咳嗽 可能 可是 可以 渴 克 刻 客气 课 课本 课文 空气 口 口语 哭 苦 块 快 困难

L 拉 啦 来 蓝 篮球 劳动 劳驾 老 老师 了 累 冷 离 离开 里 里 里边 礼物 历史 利用 例如 立刻 俩 联系 连…都(也) 脸 练习 凉快 两 辆 亮 了 了解 零 领导 留 留念 留学生 流 六 楼 路 录音 旅行 绿 乱

M 妈妈 麻烦 马 马上 嘛 吗 买卖 满 满意 慢 忙 毛 帽子 没 没关系 没意思 没有 每

妹妹 门 门口 们 米 (公尺) 米饭 面包 面条
儿 民族 明年 明天 名字 母亲 目前

N 拿 哪 哪里(哪儿) 那 那那个 那里(那儿)
那么 那么 那些 那样 哪(啊) 呐(呢) 南 南边
男 难 呢 内 内容 能 能够 嗯 你 你们 年
年级 年纪 年轻 念 您 牛 牛奶 农村 农民
农业 努力 女 女儿 暖和

P 爬 怕 拍 排球 派 旁边 跑 跑步 朋友 碰
批评 啤酒 篇 便宜 片 漂亮 票 苹果 瓶 破

Q 七 骑 起 起床 起来 汽车 气水 铅笔 千
前 前边 浅 墙 桥 青年 轻 清楚 晴 情况 请
请假 请问 秋 秋天 球 取得 去 去年 全 全部
全体 确实

R 然后 让 热 热情 人 人们 人民 任何 认识
认为 认真 日 日语(日文) 日子 容易 肉

S 三 散步 山 商店 上 上 上边 上课 上来
上去 上午 上学 少 社会 身体 深 什么 声
声调 声音 生产 生词 生活 生日 省 剩 胜利
师傅 十 十分 时候 时间 食堂 实践 实现
使用 世界 事 事情 是 市 试 收 收拾 手
手表 首都 输 舒服 书 熟 数 树 数学 双 谁
水 水果 水平 睡 睡觉 说 说明 思想 死 四
送 宿舍 酸 算 虽然 岁 所以 所有

T 他 他们 它 它们 她 她们 抬 太 太阳
态度 谈 汤 糖 躺 讨论 特别 疼 踢 提 提高
体育 天 天气 条 条件 跳 跳舞 听 听见
听说 听写 停 挺 通 通过 通知 同时 同学
同意 同志 痛快 头 突然 图书馆 团结 推
腿 退 脱

W 袜子 外 外边 外语(外文) 外国 玩 完 完成
完全 碗 晚 晚饭 晚会 晚上 万 往往 忘 危险
为 伟大 喂 位 为 为了 为什么 文化 文学

文学家 文艺 文章 问 问好 问题 我 我
们 握手 屋子 五 午饭 物理

X 西 西边 希望 习惯 喜欢 洗 洗澡 系 细
下 下 下 下边 下课 下来 下去 下午 夏 夏天
先 先生 现代 现在 相信 香 香蕉 想 响 像
向 消息 小 小孩儿 小姐 小时 笑 些 鞋 写
谢谢 辛苦 新 新年 新闻 心 信 信封 星期
星期日(星期天) 行 幸福 姓 休息 需要 许多
学 学生 学习 学校 学院 雪

Y 呀 呀 研究 颜色 眼睛 演出 宴会 羊 样子
要求 药 要 要是 也 也许 页 夜 一 一般
一边…一边… 一点儿 一定 一共 一会儿
一…就 一块儿 一起 一切 一下儿 一些 一样
一…也 一直 医生 医院 衣服 椅子 已经
以后 以前 以为 艺术 亿 意见 意思 意义
因为 音乐 阴 银行 英语(英文) 应该 赢 影响
永远 用 尤其 局 票 游泳 有 有的
有名 有时候 有些 有意思 友好 友谊 右 又
鱼 愉快 雨 语法 语言 遇到 预习 元 原来
原谅 圆 远 愿意 月 月亮 月球 云 运动

Z 再 再见 在 在 咱 咱们 脏 早 早晨(早上)
早饭 怎么 怎么样 怎样 增加 展览 占 站
站 张 长 掌握 着急 找 照顾 照相 这 这个
这里(这儿) 这么 这些 这样 着 真 真正
整齐 正 正确 正在 政府 政治 只 支 知道
知识 之间 指 只 只好 纸 中 中间 中文 中午
中学 钟 钟头 种 重 重要 周 周围 猪 主要
祝 装 准备 桌子 自己 自行车 字 总(是)
走 足球 祖国 组织 嘴 最 最初 最后 最近
昨天 左 做 作 作业 坐 座

A 阿 阿拉伯语(阿拉伯文) 阿姨 挨 哎 哎呀 爱好 爱护 爱情 安全 安慰 安心 按 按时 按照 暗 岸

B 拔 白 白菜 白天 败 班长 板 半导体 半拉 半夜 办公 办事 帮 帮忙 榜样 傍晚 包 包 包括 包子 薄 保 保持 保存 保护 保留 保证 宝贵 抱歉 报到 报道 报告 报名 报纸 碑 悲痛 背 北部 北方 北面 背 背后 被子 本来 本领 本事 本质 笨 逼 鼻子 比例 比如 笔记 毕业 毕业 闭 必然 必要 避 避免 边…边… 编 扁 便 便条 遍 标点 标准 表达 表面 表明 宾馆 兵 冰 饼干 病房 病菌 病人 并 并 并且 玻璃 伯父 伯母 脖子 捕 补 补充 补课 补习 不必 不大 不得不 不得了 不断 不敢当 不管 不过 不好意思 不仅 不论 不平 不然 不少 不是吗 不行 不幸 不许 不要紧 不一定 不住 布置 步 部 部队 部门 部长

C 猜 材料 踩 采 采购 采取 采用 彩色 餐厅 藏 草地 草原 厕所 册 测验 曾 曾经 插 叉子 差 差不多 差点儿 拆 产量 产品 产生 尝 长期 长途 超 超过 抄 抄写 吵 车间 彻底 沉默 趁 衬衫 衬衣 称 称赞 成分(成份) 成功 成果 成就 成立 成熟 成为 成长 乘 程度 诚恳 诚实 承认 吃惊 尺 翅膀 充分 充满 充足 冲 虫子 重 重叠 重复 重新 崇高 抽象 愁 臭 初 初步 初级 出版 出口 出生 出席 出院 厨房 除 处 处分 处理 处 传 传播 传统 闯 创 创造 创作 春节 此 此外

刺 聪明 从不 从…出发 从此 从而 从来 从事 粗 醋 促进 催 存 存在 寸 措施

D 搭 答应 答 答案 答卷 达到 打扮 打倒 打扰 打听 打针 大胆 大多数 大会 大伙儿 大街 大量 大陆 大米 大批 大人 大使馆 大小 大型 大衣 大约 呆 呆 代 代替 袋 待 担任 担心 单 单 单词 单调 单位 但 淡 蛋 蛋糕 当…的时候 当地 当年 当前 当时 挡 党 党员 当 当做 刀子 岛 到处 到达 到底 到底 倒 倒(是) 道 道 道德 道路 道歉 德语(德文) 的话 登 登记 等 等待 等于 滴 敌人 的确 底下 地带 地点 地方 地面 地球 地区 地图 地位 地下 地址 递 电报 电冰箱 电风扇 电台 电梯 电影院 店 吊 钓 调 调查 跌 顶 顶 定 订 东北 东部 东方 东面 懂得 动人 动身 动手 动物园 动员 动作 冻 洞 斗争 豆腐 逗 独立 读书 读者 堵 肚子 度 度过 渡 端 短期 断 堆 队 队伍 队长 对 对此 对待 对方 对付 对话 对面 对象 对于 吨 蹲 多数 夺 躲 朵

E 鹅 而 儿童 耳朵

F 发表 发出 发达 发动 发抖 发挥 发明 发言 发扬 法郎 法律 繁荣 凡 反动 反复 反抗 反应 反映 反正 范围 犯 方 方案 方式 方针 房子 防 防止 仿佛 纺织 放大 放弃 放心 非…不可 肥 肺 费 费 费用 吩咐(分付) 分别 分配 分析 纷纷 粉笔 奋斗 份 愤怒 封建 风景 风力 风俗 逢 否定 否则 扶 幅 符合 服从 浮 副 副 副食 复述 复印

付 富 妇女

G 该 改革 改进 改善 改造 概括 概念 盖
干 干杯 干脆 干燥 杆 肝 赶 赶紧 赶快
感动 感激 感觉 感情 感想 感兴趣 干活儿
干吗 刚刚 钢 港 高大 高度 高原 告 告别
搁 胳膊 割 革命 隔 隔壁 个别 个人 个体
个子 根本 根据 跟前 更加 工程 工程师 工夫
工会 工具 工艺品 工资 功夫 供 供给 公费
公共 公开 公路 公司 公用电话 公元 巩固
贡献 共 共产党 共同 狗 构成 构造 估计 姑
姑 骨头 鼓 鼓动 鼓舞 鼓掌 古 古代 古迹
古老 故乡 故意 顾 顾客 挂号 拐 怪 关键
关于 关照 官 观察 观点 观众 管 管理 冠军
罐头 贯彻 光 光 光 光辉 光明
光荣 光线 广场 广大 广泛 广阔 逛 规定
规律 规模 鬼 跪 湾 锅 国际 国民党 国王
果然 过程 过年

H 海关 海洋 害 害处 害怕 含 寒冷 汗 行
行 航空 毫不 毫无 好好儿 好久 好容易
好听 好玩儿 好些 号码 号召 好 和平 合
合理 合同 合作 盒 嘿 黑暗 恨 哼 红茶
红旗 猴子 厚 后悔 后来 后面 后年 后天
呼 呼吸 壶 胡乱 胡子 糊涂 护士 护照 户
花园 划 滑 滑冰 画报 划 化 坏处 欢送 环
环境 慌 黄瓜 黄油 皇帝 灰 挥 恢复 回头
回信 回忆 会场 会见 会客 会谈 会议 昏迷
婚姻 混 活泼 活跃 伙食 火 火柴 获得 或 货

J 几乎 机床 机关 机械 积极 积极性 积累
激动 激烈 极 极其 集 集体 集中 及 及格
及时 急忙 即 级 技术员 季节 计算 记得
记录 记忆 记者 既 既…也… 既…又…
既然 纪律 纪念 夹 家具 家乡 加工 加强

加以 假 价格 价值 架 假条 坚定 坚决 坚强
尖 尖锐 肩 艰巨 艰苦 拣 捡 剪 减 减轻
减少 箭 渐渐 建 建立 建议 建筑 将 将 将要
桨 奖学金 讲话 讲座 酱油 降 降低 交换
交际 交流 交通 郊区 骄傲 角 教材 教师
教授 教学 教训 教员 较 叫做 接触 接待
接到 接见 接近 接受 街道 阶段 阶级 结实
节省 节约 结构 结合 结婚 结论 解 解答
解放 解释 届 金 金属 今后 仅 仅仅 尽
尽管 尽量 进步 进攻 进化 进入 进修 进一步
禁止 近来 尽 劲 京剧 精力 经 经理 经历 井
警察 静 敬爱 敬礼 镜子 竞赛 究竟
纠正 救 就 就是 局长 举行 拒绝 据说
巨大 具备 具体 具有 距离 俱乐部 剧场 卷
觉悟 决 决心 绝对 军 军队 军事

K 开放 开会 开课 开明 开辟 开演 开展 砍
看不起 看法 看来 看样子 扛 考 考虑 烤
靠 颗 科 科学家 科学院 科研 科长 可 可爱
可靠 可怜 可怕 可以 克服 刻 刻苦 客人
课程 肯 肯定 空 空间 空前 空中 恐怕 孔
空儿 控制 口袋 口号 扣 裤子 跨 筷子
快乐 宽 款 矿 捆 困 扩大

L 垃圾 来 来不及 来得及 来信 来自 拦
懒 烂 狼 朗读 浪 浪费 捞 老百姓 老板
老大妈 老大娘 老大爷 老虎 老人 老(是)
老实 老太太 老头儿 乐观 雷 类 厘米 梨
离婚 理发 理解 理论 理想 理由 里面 礼拜
天(礼拜日) 礼貌 礼堂 厉害 利益 例 例子
立 立场 立方 立即 粒 力 力量 力气 哩
联合 联欢 连 连忙 连续 恋爱 练 粮食 凉
量 良好 两 聊 聊天儿 了不起 列 临 临时
邻居 零钱 铃 灵活 领 领袖 另 另外 流利

龙 楼梯 漏 露 路上 路线 录 录像 录音机
陆续 旅馆 旅客 旅途 略 轮船 论文 萝卜
落 落后

M 码头 马虎 马克 马路 骂 埋 买卖 迈
馒头 满足 邮 毛 毛病 毛巾 毛衣 矛盾 冒
贸易 煤 煤气 没错 没什么 没事儿 没用 每
美 美好 美丽 美术 美元 梦 米 秘密 蜜蜂
密 密切 棉花 棉衣 面 面 面积 面貌 面前
描写 秒 庙 妙 灭 民主 明亮 明确 明显 名
名胜 命令 命运 摸 模仿 磨 墨水儿 某
模样 亩 母 木 木头 目标 目的

N 哪个 哪怕 哪些 那边 奶奶 耐心 耐用
南部 南方 南面 男人 难道 难过 难看 难受
脑袋 脑子 闹 内部 能干 能力 能源 泥
年代 年龄 年青 鸟 扭 浓 弄 女人 女士 暖
暖气

怕 排 牌 盘 盘子 盼望 判断 旁 胖 炮 赔
陪 配合 喷 盆 捧 碰见 批 批判 批准 披
脾气 疲劳 皮 皮肤 匹 偏 片面 骗 飘 拼命
品种 乒乓球 平 平安 平常 平等 平方 平静
平均 平时 平原 瓶子 坡 破坏 迫切 扑 铺
朴素 普遍 普通

Q 期 期间 欺骗 妻子 其次 其他 其它 其余
其中 奇怪 齐 旗子 企图 企业 启发 气
气候 气温 气象 汽油 牵 千万 签订 前进
前面 前年 前天 前途 欠 枪 强 强大 强盗
强调 强度 强烈 抢 敲 悄悄 桥梁 瞧 巧
巧妙 切 且 侵略 亲爱 亲戚 亲切 亲自 青
轻松 清 情景 情形 情绪 请客 请求 庆祝
穷 球场 求 区 区别 渠 取 取消 圈 全面 劝
缺 缺点 缺乏 缺少 却 确定 裙子 群 群众

R 然而 燃烧 染 嚷 绕 惹 热爱 热烈 热闹

热水瓶(暖水瓶) 热心 人才(人材) 人工
人家 人口 人类 人民币 人物 人员 人造 忍
任务 认 认得 仍 仍然 日常 日记 日期 日
用品 日元 如 如果 如何 如今 入 软 弱

S 撒 洒 塞 伞 嗓子 扫 嫂子 色 森林 杀
沙发 沙漠 沙子 傻 晒 山脉 山区 闪 善于
伤 伤心 商场 商量 商品 商业 上班 上当
上级 上面 上衣 稍 稍微 烧 勺子 少数 少年
蛇 舌头 射 设备 设计 伸 身 身边 深厚 深刻
深入 什么的 神 神经 生 生动 生命 生气
生物 生意 生长 升 绳子 省 胜 失败 失去
失望 失业 狮子 施工 湿 诗 石头 石油 拾
时代 时刻 时期 食品 食物 实际 实事求是
实行 实验 实用 实在 使 始终 世纪 事件
事实 事物 事先 事业 适当 适合 适应 适用
市场 室 试卷 试验 收获 收入 收音机 手段
手工 手绢 手术 手套 手续 手指 首 首先 受
瘦 蔬菜 叔叔 舒适 书包 书店 书记 书架
熟练 熟悉 暑假 属于 树林 数 数量 数字
刷 摔 甩 率领 双方 水稻 水泥 顺 顺便
顺利 撕 私 私人 司机 丝 似乎 松 送行
速度 塑料 算了 随 随便 随时 碎 损失 缩
所 所谓

T 塔 台 太太 谈话 谈判 弹 毯子 探 趟 烫
掏 逃 讨厌 套 特此 特点 特殊 提倡 提供
提前 题 题目 体会 体积 体系 体育场 体育
馆 替 天真 添 填 田 田野 甜 挑 条约 调整
贴 铁 铁路 听讲 停止 通汛 同 同情 同屋
同样 铜 桶 统一 统治 痛 痛苦 愉 愉愉 投
投入 头 头发 透 突出 突击 图 涂 土地 土豆
吐 兔子 团 推动 推广 拖 托 脱离

W 挖 哇 歪 外地 外交 外面 弯 完整 网球

往往 望 忘记 微笑 危害 危机 违反 围 围绕 维护 委员 尾巴 未 未来 味道 胃 喂 位置 卫生 卫星 温度 温暖 文件 文化 文物 文字 闻 稳 稳定 问候 握 污染 屋 无 无论 无数 无限 武器 武术 雾 物价 物质 误会

X 西北 西部 西餐 西方 西瓜 西红柿 西南 西面 吸 吸收 吸烟(抽烟) 吸引 牺牲 洗衣机 系统 戏 细菌 下班 下面 吓 掀 先后 先进 鲜 鲜花 纤维 闲 显得 显然 显著 现代化 现实 现象 献 县 羡慕 限制 线 相 相当 相反 相互 相似 相同 香肠 香皂 箱子 乡 乡下 详细 想法 想念 想象 响应 享受 项 项目 象 消费 消化 消灭 晓得 小伙子 小麦 小朋友 小说 小心 小学 校长 笑话 效果 效率 歇 斜 血 新鲜 心得 心情 心脏 信 信心 星星 形成 形容 形式 形势 形象 形状 行 行动 行李 醒 性 性格 性质 姓名 兄弟 胸 雄 雄伟 熊猫 修 修改 修理 虚心 许 宣布 宣传 选 选举 选择 学 学费 学期 学术 学问 血液 寻找 训练 迅速

Y 压 压迫 牙 牙刷 盐 严格 严肃 严重 研究所 延长 沿 眼 眼镜 眼泪 眼前 演 演员 咽 阳光 仰 养 样 邀请 腰 摇 咬 要紧 爷爷 业务 业余 叶子 夜里 夜晚 一半 一边 一道 一方面…一方面… 一齐 一生 一时 一同 一下子 一致 医学 医务室 依靠 移 移动 仪器 疑问 已 以 以及 以来 以内 以上 以外 以下 意外 意志 议论 异常 因此 因而 因素 银 引起 印 印刷 印象 英雄 英勇 应 应当 营养 营业 迎接 影子 应用 硬 拥抱 拥护 勇敢 勇气 用不着 用处 用功 用力 优点 优良 优美 优势 优秀 悠久 由 由于 油 游览

游泳池 有的是 有(一)点儿 有关 有利 有力 有趣 有时 有效 有用 右边 于 于是 与 语调 语气 语音 羽毛球 玉米 遇 遇见 预备 员 原料 原因 原则 圆珠笔 愿望 院 院长 院子 约 约会 越…越… 越来越 阅读 阅览室 允许 运 运动会 运动员 运输 运用

Z 杂 杂技 灾 灾害 暂时 赞成 遭到 遭受 糟糕 造 造句 责任 则 增长 扎 摘 窄 粘 展出 展开 展览会 占领 战斗 战胜 战士 战争 章 涨 丈 丈夫 招待 招待会 招呼 着(zháo) 照 照常 照片(相片) 召开 折 哲学 这边 真理 真实 针 针对 阵 征求 睁 争 争论 争取 整个 整理 正 正常 正好 正式 政策 证明 支持 支援 …之后 …之间 …之上 …之下 …之一 …之中 织 职工 职业 直 直到 直接 植物 执行 值得 指出 指导 指挥 指示 止 只是 只要 只有 至 至今 至少 制定 制订 制度 制造 秩序 质量 治 中餐 中心 中央 中药 终于 种子 种 重大 重点 重量 重视 周到 株 逐步 逐渐 竹子 煮 主动 主观 主人 主任 主席 主张 著名 著作 住院 祝贺 抓 抓紧 专家 专门 专心 专业 转 转变 转告 转(zhuàn) 庄稼 庄严 撞 状况 状态 追 准 准确 准时 捉 资料 资源 紫 仔细 自 自从 自动 自费 自觉 自然 自我 自学 自由 综合 总结 总理 总统 走道 组 钻 钻研 醉 最好 尊敬 遵守 左边 左右 做法 做客 做梦 作家 作品 作为 作文 作用 作者 坐班 座谈 座位